Karlfried Graf Dürckheim

# Wunderbare Katze

KARLFRIED GRAF DÜRCKHEIM

# Wunderbare Katze

## und andere Zen-Texte

Mit Zeichnungen von Klaus Bertelsmann

O.W. BARTH

Die Folie des Schutzumschlags sowie die Einschweißfolie
sind PE-Folien und biologisch abbaubar.
Dieses Buch wurde auf chlor- und säurefreiem Papier gedruckt.

Besuchen Sie uns im Internet: www.droemer-knaur.de

Neuausgabe der Faksimileausgabe

Umschlaggestaltung: ZERO Werbeagentur, München
Druck und Bindung: CPI – Ebner & Spiegel, Ulm
Printed in Germany
ISBN 978-3-426-29115-3

2 4 5 3 1

# *EINFÜHRUNG*

*Was ist das zentrale Anliegen des Zen? Die Neugeburt und Verwandlung des Menschen aus der Erfahrung des Seins. Zen lehrt uns den Weg zur Befreiung unseres Wesens aus den Fesseln des weltabhängigen Ichs. Zen lehrt es nicht mit den Mitteln eines analystischen, schlußfolgernden Denkens, auch nicht in der Form eines dogmatischen Glaubens oder einer spekulativen Metaphysik, sondern als Weg der Erfahrung und Übung.*

*Zentexte vermitteln keine Theorien, sondern Übungsimpulse und Erfahrungen. Sie appelieren nicht an unsere Intelligenz, sondern an unsere innere Bereitschaft und unsere eigene Lebens- und Leidenserfahrung. Sie laden uns ein, den Gehalt unserer tiefsten Stunden ernst zu nehmen, sie fordern uns auf, bestätigend oder mahnend, uns auf Lebensaugenblicke zu besinnen, in denen wir, vielleicht nur für einen Augenblick, der Wahrheit des Lebens ganz nahe waren und unsere und der Welt Seins-Tiefe verspürten. Sie prüfen uns, ob wir dann unserem Leben eine neue Richtung gaben oder achtlos im gewohnten Geleise über unsere Sternstunden wegglitten.*

*Nur wenn man Zentexten als Suchender begegnet, öffnet sich ihr Sinn. Rein theoretischem Interesse bleibt er verborgen. Nur dem Menschen, der den Weg sucht, auf dem er seine Bestimmung erfüllt, haben sie etwas zu sagen. Der »Weg« im Sinne des Zen ist aber der Weg der Übung, der Übung verstanden als exercitium ad integrum. So mündet alles, was Zen lehrt, immer in eine auf Erfahrung gegründete und zu besonderen Erfahrungen hinführende Praxis.*

*Wir geben zur Einführung zwei Beispiele aus eigener Erfahrung.*

## *Der überspannte Bogen*

*Es war an einem heißen Sommertag in Tokyo, und ich erwartete Meister Kenran Umeji, meinen Lehrer im Bogenschießen. Einige Wochen hatte ich für mich allein geübt und freute mich darauf, dem Meister zu zeigen, daß ich meine Lektion gelernt hatte. Ich war gespannt, welche Überraschung die heutige Stunde bringen würde; denn jedesmal hatte es, wenn der Meister kam, eine Überraschung gegeben.*

*Das Erlernen einer japanischen Kunst — handle es sich nun um das Bogenschießen oder das Schwertfechten, das Blumenstecken oder Malen, das Schreiben der Schriftzeichen oder die Kunst des Tees — ist voller Seltsamkeiten für Schüler aus dem Westen. Wer zum Beispiel beim Bogenschießen meint, es käme aufs Treffen an, ist in einem Irrtum befangen. Worauf soll es denn sonst ankommen? Nun — darüber sollte ich heute wiederum sehr eindringlich belehrt werden.*

*Der Meister erschien zur verabredeten Stunde — ein kurzes Gespräch bei einer Tasse Tee, und dann ging es in den Garten, wo die Scheibe stand. Mit dieser Scheibe war die erste Überraschung verknüpft, die ich gleich zu Beginn mit dem Bogenschießen erfahren hatte: Es war ein Strohbündel von etwa 80 cm Durchmesser, in Augenhöhe auf ein Holzgestell gelegt, und man kann sich vorstellen, daß ich nicht wenig verwundert war, als ich hörte, daß der Schüler im Bogenschießen erst einmal drei Jahre an dieser Scheibe zu üben hat und zwar auf eine Entfernung von drei Metern! Drei Jahre auf drei Meter Entfernung auf ein Strohbündel von 80 cm Durchmesser schießen? Wird das nicht langweilig? Nein, im Gegenteil! Es wird, je mehr man in den Sinn der Übung eindringt, von Tag zu Tag aufregender; denn es kommt gar nicht aufs Treffen an — sondern auf die innere Haltung und durch sie hindurch auf das Voranschreiten auf dem inneren Weg. Und das sollte ich heute wieder einmal erfahren.*

*Ich trete also an. Der Meister steht vor mir. Ich verbeuge mich, wie es die Sitte gebietet, erst vor dem Meister, dann, mit einer Linksbewegung, vor der Scheibe, nehme wieder Front zum Meister hin und vollziehe ruhig die ersten Bewegungen. In gelassenem Fluß muß eine Bewegung aus der anderen hervorgehen. Ich stelle den Bogen aufs linke Knie, nehme den einen der beiden gegen das rechte Knie gelehnten Pfeile auf, lege ihn auf die Sehne; die linke Hand hält ihn zugleich mit dem Bogen fest, und dann geht die rechte langsam in die Höhe, um —*

während der Atem voll ausfließt — wieder niederzukommen. Die Hand greift in die Sehne, und dann wird — langsam einatmend — endlich im Heben der Bogen allmählich gespannt. Das ist die entscheidende Bewegung, die so still und stetig geschehen muß, wie der Mond am abendlichen Himmel aufsteigt. Noch habe ich nicht die volle Höhe erreicht, bei der dann der im voll ausgespannten Bogen liegende Pfeil Ohr und Wange berührt — da durchfährt mich die Orgelstimme des Meisters: »Halt!« Erstaunt und etwas unmutig über diese Unterbrechung im Augenblick höchster Sammlung lasse ich den Bogen herab. Der Meister nimmt ihn mir aus der Hand, schlägt die Sehne einmal um die Bogenspitze herum und reicht ihn mir lächelnd zurück. »Bitte, noch mal!« Ahnungslos beginne ich aufs neue. — Die gleiche Bewegungsfolge läuft ab. Doch als es zum Spannen kommt, ist meine Kunst schnell am Ende. Der Bogen hat die *doppelte* Spannung erhalten, und meine Kraft reicht nicht mehr aus. Die Arme beginnen zu zittern, ich schwanke ohne Halt hin und her, die mühsam gewonnene Form ist zerschlagen; — der Meister aber fängt an zu lachen! Verzweifelt bemühe ich mich noch einmal. Es ist aussichtslos. Nichts als ein klägliches Scheitern —

Ich mag wohl recht ärgerlich dreingeschaut haben, denn der Meister fragt mich: „Worüber sind Sie denn böse?" — „Worüber? Sie fragen mich noch? Wochenlang habe ich geübt und in dem Augenblick, in dem es darauf ankommt, unterbrechen Sie mich, noch ehe ich geschossen!« Der Meister lacht noch einmal hell auf; dann wird er ernst und sagt etwa dieses: »Was wollen Sie eigentlich? Daß Sie *die* Form erreicht hatten, die zu erringen in diesen Wochen Ihre Aufgabe war, erkannte ich schon an der Weise, wie Sie mir die Haustüre öffneten. Aber so ist das: Wenn der Mensch eine Form seiner selbst, seines Lebens, seines Wissens oder seines Werkes erreicht hat, um die er sich vielleicht lange bemühte, dann kann ihm nur *ein* Unglück geschehen: daß ihm das Schicksal erlaubt, im Erreichten *stehen*zubleiben und sich darin festzusetzen! Will das Schicksal ihm wohl, dann schlägt es ihm das Gewordene, ehe es sich verhärtet, wieder aus der Hand. Dieses in der Übung zu tun, ist Sache des wissenden Lehrers. Denn worauf kommt es denn an? Doch nicht aufs Treffen! Beim Bogenschießen sowenig wie beim Erlernen irgend einer anderen Kunst geht es letzten Endes um das, was herauskommt, sondern um das, was herein kommt! Herein, d. h. *in* den Menschen herein. Auch das Sich-Üben im Dienst an einer äußeren Leistung dient über sie hinaus dem Werden des inneren Menschen.

*Und was gefährdet dies innere Werden des Menschen vor allem? Das Stehenbleiben im Gewordenen! Im Zunehmen bleiben muß der Mensch, im Zunehmen bleiben ohne Ende!«*

*Die Stimme des Meisters war ernst und eindringlich geworden — und in der Tat, dies Bogenschießen ist etwas ganz anderes als ein vergnüglicher Sport, in dem man miteinander im Treffen wetteifert. Es ist eine Lebensschule — oder um einen modernen Ausdruck zu gebrauchen, eine existentielle Praxis.*

*Anfangs geht es natürlich stets darum, die äußere Technik zu lernen. Doch beherrscht man dann endlich die äußere Form, dann fängt die eigentliche Arbeit erst an, die unermüdliche Arbeit an sich selbst! Auch die Kunst des Bogenschießens ist dann wie jede andere Kunst nur eine Gelegenheit, in die Tiefe des eigenen Wesens zu dringen. Das aber gelingt nur auf dem harten Weg der Läuterung, d. h. der Befreiung vom eitlen und ehrgeizigen Ich, das gerade dadurch, daß es so sehr um das Gelingen der äußeren Leistung besorgt ist, die Vollkommenheit dieser Leistung gefährdet. Erst wenn dieses Ich überwunden ist, kann die rechte Leistung gelingen. Dann aber gelingt sie nicht mehr auf Grund eines vom ehrgeizigen Willen gesteuerten Könnens, sondern auf Grund eines neuen inneren Seins. Die gelungene Leistung ist dann der Erfolg einer Verfassung, in der eine tiefere, man kann sagen übernatürliche Kraft frei wird, die nun gleichsam ohne unser Zutun die vollkommene Leistung vollbringt. Und diese Verfassung, nicht die Leistung als solche, ist der Sinn der Exerzitienpraxis des Zen. In seiner Verfassung bezeugt der Mensch, inwieweit er in seiner kleinmenschlichen Wirklichkeit durchlässig geworden ist für die Wirklichkeit eines größeren Lebens. Je nach der Reinheit seiner Verfassung kann dieses durch ihn hindurch offenbar werden in der Welt — unter anderem auch in einer vollkommenen Leistung.*

*Wie das in Wirklichkeit aussehen kann, sei an einer zweiten Erfahrung veranschaulicht, die ich einmal gelegentlich eines Besuches in einem japanischen Kloster machte.*

## Der vollkommene Kreis

Es war in Kyoto im Jahre 1941. Ein japanischer Freund hatte mir eine Begegnung mit Meister Hayashi, dem Abt des berühmten Zenklosters Myoshinji, vermittelt. Nun besteht in Japan die schöne Sitte des Schenkens. Der Gast bringt dem Hausherrn, wenn er zum ersten Mal zu ihm kommt, ein Geschenk mit, und ebenso zieht auch der Gast nicht, ohne ein Geschenk zu erhalten, von dannen. Das am höchsten gewertete Geschenk ist eines, das man selber gemacht hat. Und so sagte Meister Hayashi, als nach einem guten und langen Gespräch die Stunde des Abschieds da war: »Ich möchte Ihnen etwas schenken. Ich m a l e Ihnen etwas«. Zwei jüngere Mönche brachten die Malsachen herbei. Ein rotes Tuch wurde als Unterlage auf die Matten gebreitet, ein hauchdünnes Reispapier von etwa 60 cm Höhe und 20 cm Breite wurde darauf gelegt und oben und unten, damit es nicht rutschte, mit einem Bleistab beschwert. Dann wurden Pinsel und Tusche gebracht, aber nicht etwa die schon fertige Tusche, sondern ein Stück harte Tusche, die man erst durch langes Reiben in einem ausgehöhlten Stein, in dessen Mulde etwas Wasser gegossen wird, in flüssige Tusche verwandelt.

In gelassener Umständlichkeit, so als wenn er unendlich viel Zeit hätte — und ein Meister hat immer unendlich viel innere Zeit — begann nun der Abt sich selber die Tusche zu reiben. Hin und her und hin und her ging die Hand, bis allmählich das Wasser zum flüssigen Schwarz geworden war. Ich wunderte mich, daß der Meister das selber machte und fragte, warum man ihm diese Arbeit nicht abnähme. Die Antwort war sehr bezeichnend: »Im stillen Hin- und Hergehen der Hand, die mit Sorgfalt die Tusche bereitet, wird man ganz ruhig. Alles wird still — und nur aus einem unbewegt stillen Herzen kann etwas Vollkommenes aufblühen.« Dann also war es soweit.

Meister Hayashi kniete auf dem Boden, d. h. er saß auf seinen Fersen frei aufgerichtet, mit heiterer Stirn, losen Schultern und jener für den im Sitzen Geübten charakteristischen Gelöstheit des Oberkörpers, die von lebendiger Spannung erfüllt die tragende Mitte des gefestigten Rumpfes zur Voraussetzung hat. Mit einer unnachahmlich ruhigen und zugleich flüssigen Bewegung ergriff der Meister den Pinsel. Einen Augenblick ruhten die Augen wie verloren auf dem Papier, und dann war es, als mache sich der Meister nach innen zu ganz frei, auf daß das im

*Inneren geschaute Bild ungestört hervorkommen könne — ganz ungehindert von aller Sorge, es könne mißlingen, von allem Ehrgeiz, es müsse gelingen. Und so kam es denn auch heraus.*

*Mit sicheren Strichen entstand ein Bild der Kwannon, der Göttin der liebenden Zugewandtheit. Mit ganz feinen Zügen erst das Gesicht, mit kräftigeren Strichen dann das fließende Gewand und die Blütenblätter, auf denen sie saß, und dann — ja dann kam der Augenblick, um dessentwillen ich diese Geschichte erzähle — das Malen des »Heiligenscheines«, der den Kopf der Kwannon umgab, d. h. das Malen des vollendeten Kreises! Wir alle, die Zeugen waren, hielten den Atem an; denn die meisterliche Bekundung letzter Gelassenheit — diese Bekundung der souveränen Freiheit von aller Angst in einem unstörbar sich vollendenden Tun ist immer wieder ein tief ergreifendes Erlebnis. Man muß wissen, daß auf diesem hauchdünnen Papier jedes Stocken, jedes Innehalten des Pinsels einen Flecken erzeugt und alles verdirbt. Aber ohne auch nur einen Augenblick zu verhalten, tauchte der Meister den Pinsel in die Tusche, streifte ihn etwas ab, setzte ruhig an und — als sei es das einfachste Ding der Welt — schrieb er gleichsam den vollkommenen Kreis aufs Papier — das vollkommene Rund, das nun wie die Ausstrahlung göttlicher Reinheit den Kopf der Kwannon umfing. Ein ganz unvergeßlicher Augenblick. Und dann war eine so gute Stille im Raum. Auch der vollendete Kreis vor uns spiegelte nur die Stille, die vom Meister ausging.*

*Als Meister Hayashi mir das Blatt überreichte, dankte ich ihm mit der Frage: »Wie macht man es nur, ein Meister zu werden?« Worauf er mit einem leisen Lächeln antwortete: »Einfach den Meister, der in uns ist, herauslassen.« Ja — »einfach herauslassen« — wenn das so einfach wäre . . .*

*Zur Stufe dieser Einfachheit ist ein langer Weg. Es ist der Weg der Übung, verstanden als exercitium ad integrum. Doch eben im Hinblick auf diese Übung ist die Antwort des Meisters von richtunggebender Bedeutung; denn in aller Arbeit, die der Mensch auf dem Weg der Verwandlung an sich selber verrichtet, kann er das Gemeinte und Gesuchte am Ende nie »machen«, er kann es nur zulassen. Er kann sich immer nur um die Bedingungen bemühen, unter denen das Leben, das durch irgend welche Umstände in ihm verstellt war, sich aus sich heraus Stufe um Stufe dem eignen Gesetz gemäß entfalten und die ihm wesenseigne Form gewinnen kann. Dies aber bedeutet, daß der Mensch lernen muß, das was in ihm ist, herauszulassen. Ob es sich um die lebensgemäße Übung des Atmens handelt oder um technisch schwierige Tat- oder Werkübungen, immer geht es am Ende darum, daß die Leistung nicht mehr einer Anstrengung des Ichs entspringt, sondern aus einem Zulassen des Wesens hervorwächst, dessen Bekundung dann das meisterliche Tun ist. So gibt es vielerlei Atemübungen. Sie erfindet der Mensch. Über ihre Nützlichkeit läßt sich je nach dem Zweck, dem sie dienen sollen, auch streiten. Es gibt aber nur eine Übung des rechten Atems, die ohne Zweifel dem Werden des wahren Menschen dient. Es ist die Übung der Kunst, den natürlichen Atem zuzulassen, also die Übung, die vom unbewußt gemachten Ich-Atem befreit und den von selbst kommenden Wesensatem entbindet.*

*Es geht bei allen als Exerzitium aufgefaßten Übungen im Zen immer um die Kunst, die Bedingungen zu schaffen, unter denen wir am Ende das uns innewohnende Wesen, in dem wir teilhaben am göttlichen Sein, zuzulassen vermögen — als Ursprung und Sinn, Gewissen und Richtkraft einer durchlässig gewordenen Verfassung, die sich dann, mit Bewußtsein und aus Freiheit »ganz einfach« im meisterlichen Tun offenbart.*

## *Der Sinn der Übung — S A T O R I*

*Zenpraxis bedeutet Übung. Was aber bedeutet hier Übung? Das Wort Übung hat einen doppelten Sinn, denn es gibt zweierlei Übung: Die Übung in einem Können zu sichtbarer Leistung, und die Übung zur inneren Reife. Das Üben, dessen Sinn ein Können ist, erfüllt sich in einer vollendeten Tathandlung oder einem gültigen Werk in der Welt. Das Üben, dessen Sinn das Reifen ist, erfüllt sich im Einmünden auf den WEG, dem Weg der inneren Verwandlung. Die Übung, die auf Leistungen zielt, ist im vollendeten Können beendet. Die Übung, die Läuterung und Verwandlung meint, ist nie am Ende. So steht neben dem Auftrag zur Meisterung, Ordnung und Gestaltung der Welt der Auftrag zum inneren Weg der Verwandlung und Reife. Echtes Bestehen und gültiges Gestalten aber setzt Reife voraus. Echtes Reifen wiederum gibt es nur im tapferen Bestehen der Welt und im Mühen um vollendete Gestalt. Und darum kann auch die Übung zur Gewinnung einer vollendeten Technik, zu welcher Kunst es auch sei, zur inneren Läute-*

*rung und Reifung genutzt werden. Hierin liegt der besondere Sinn, der »Übung« im Geiste des Zen. Sie stellt die Bemühung um eine vollendete Werk- oder Tathandlung, wie auch jede sportliche Leistung in den Dienst des inneren Reifens. So seit alters her auch die Kampfkünste: Speerstoßen, Schwertfechten, Bogenschießen[1])*

*Der Sinn allen Reifens ist die Frucht, die es zeitigt. Was ist die Frucht der menschlichen Reife? Der verwandelte Mensch. Doch was bedeutet hier Verwandlung? Es bedeutet Befreiung von dem der Welt unterworfenen Ich und Einswerden mit dem das göttliche Sein in uns verkörpernden W e s e n .*

*Zen spricht im Hinblick auf das Wesen des Menschen von der Buddha-Natur. Im Grunde ist jeder Mensch Buddha, aber im Bewußtsein des Menschen, der seinem gegenständlich fixierenden Ich verfallen ist, ist seine Buddha-Natur verborgen. Ist er mit diesem Ich identifiziert, das um seine Stellung besorgt, an dem haftet, was er hat und weiß, dann fängt er sich immer mehr selbst in Schlingen, vor allem in den Begriffen, mit denen er das Leben einzufangen und festzuhalten sucht. Dies ist der wahre Grund seines menschlichen Leidens. Die Befreiung aus dieser Verstrickung im Ich zum wahren Wesen hin und der Aufbruch eines neuen Lebens aus diesem Wesen, das ist die Neugeburt, um die es in aller Übungspraxis des Zen geht.*

*Das Wesen ist kein Gegenstand frommen Glaubens, sondern kann tiefste Erfahrung werden. Um diese Erfahrung geht es im Zen, um die alles umstürzende Erfahrung, darin das Sein, das wir im Grunde, d. h. im Wesen sind, von dem wir aber in unserem Bewußtsein getrennt sind, ins Innesein tritt. Es ist die erschütternde Erfahrung des Seins im Durchbruch zum Wesen und Hervorbrechen des Wesens. Es ist die Erfahrung des Erwachens aus dem Wahn des gegenständlichen und gegensätzlichen Bewußtseins, das unsere »natürliche« Weltsicht bestimmt, als wirklich nur zuläßt, was sich der Ordnung unserer Begriffe einfügt und unser Handeln abhängig macht von dem, was man kann oder weiß.*

*Das Erwachen zum Wesen, man nennt es seit altersher die Große Erleuchtung, ist das entscheidende Ereignis des menschlichen Lebens. Es ist das Ereignis der großen Wende. Der alte Adam stirbt, und ein neuer Mensch wird geboren. Im Zen heißt dieses Erlebnis S a t o r i.*

---

*1) Anm.: Die beste Darstellung des Wesens der japanischen Übung als Übung auf dem Weg der Verwandlung stammt von Eugen Herrigel: »Zen und die Kunst des Bogenschießens« (O. W. Barth-Verlag).*

*Satori ist die Geburt des neuen Menschen. Er ist »neu«, weil ihm in einem grundstürzenden Erleben das Sein aufging. Er hat das übergegensätzliche, übergegenständliche, überraumzeitliche Sein selber wahrhaft geschmeckt. Er hat es zuinnerst erfahren, wie in der Fülle des Seins die Vielheit der Welt aufgeht, wie der Sinn dieses Seins Sinn und Unsinn dieser Welt übergreift und weiß aus Erfahrung, wie die Einheit dieses Seins alle Wesen im Grunde verbindet. Indem er sich selbst in seinem Eigentlichsten diesem Sein zugehörig erfährt, sieht er auch plötzlich alles anders. Er sieht also nicht nur anderes als vorher, sondern als ein Neu-Gewordener sieht er alles und jedes »anders«, sieht es in einem neuen Licht. Insbesondere aber hat er die Natur und den Sinn seiner Ichwirklichkeit erkannt. Er sieht sie mit einem Schlag in ihrer dreifachen Bedeutung: als den Schleier, der die Wahrheit des Wesens verbirgt, als den Hintergrund, von dem das Wesen sich abhebt und als das Feld, in dem sich das Sein auf menschliche Weise zu bekunden vermag.*

*Die Verwandlung zum neuen Menschen ist also für Zen noch nicht mit jener Seins-Erfahrung gegeben, in der der Mensch das »ganz Andere« erlebt und erstmalig das göttliche Sein im Unterschied zum weltlichen Dasein schmeckt. Dieses Schmecken ist vielmehr nur die erste Empfängnis des göttlichen Samens, der erst in dem Maße im Menschen aufgeht, als es ihn zu dem Menschen verwandelt, der das erfahrene Sein im Dasein bezeugt.*

*Satori meint nicht das Eingehen in den all-einen Urgrund, und auch nicht nur die Erlösung vom Ich und seinem Wirklichkeitsgebäude, das das wahre Leben in die Keller des Unbewußten bannt. Die Neugeburt im Sinne des Satori meint vielmehr das Aufgehen des LEBENS im Innesein des ganzen Menschen. Auch in seinem gegenständlichen Ich-Welt-Bewußtsein hat er dann kraft dieses Inneseins teil an der weitergehenden Schöpfung, fähig, im Gewordenen das Werden, im Geschaffenen das Ungeschaffene (Meister Ekkehart), im Seienden das Sein (Heidegger) zu sehen und es im Kämpfen, Gestalten und Lieben offenbar werden zu lassen in der Welt. — Mit Satori, der Großen Erfahrung beginnt also ein neues Leben, und zwar ein neues Leben* i n *der Welt, das doch zugleich Leben aus dem SEIN ist.*

*In der Großen Erfahrung »schmeckt« der Mensch das Sein als die überweltliche Wirklichkeit auch der Welt. Er schmeckt sie also nicht hinter, über oder unter der Wirklichkeit dieser Welt, sondern er erfährt, daß er und diese Welt eben dieses »Größere Leben und Sein« sind —*

*was ihm aber verhüllt bleibt, solange ihn die Form seines Bewußtseins beherrscht, die nicht in unserem Lebenszentrum, unserem Wesen sondern in jenem Ichzentrum verankert ist, das alles Erlebte begrifflich fixiert und es damit seiner lebendigen Transparenz zum Sein beraubt.*

*Das, was in der »Großen Erfahrung«, ja schon in einer flüchtigen Seinsfühlung erfahren wird, kann man nicht in Begriffe fassen, man kann es nur ahnend aufleuchten lassen im Widerschein seiner Wirkung im Fühlen, Erkennen und Handeln des Menschen. Jeder Mensch, der bewußt oder unbewußt nach etwas Höherem sucht, das seinem Leben wirklich Halt, Sinn und Geborgenheit gibt, ist insgeheim schon angetrieben vom SEIN, das in ihm und durch ihn zum Offenbar-Werden in der Welt drängt. Der »Motor des Suchens« ist also selbst das Gesuchte. So kann auch der, der Satori noch nicht erlebt hat — und wer kann behaupten es wirklich erfahren zu haben —, tief angerührt und gefördert werden von Erzählungen, Geschichten, Texten, die um Satori kreisen. Denn was in der Großen Erfahrung in tiefer Erschütterung alles umwerfend und verwandelnd aufgeht — das schimmert schon immerzu durch die Ritzen unseres Lebensgehäuses hindurch, rührt uns dauernd auch durch das dicke Fell unseres Normalbewußtseins an, umweht uns dauernd wie ein unfaßbarer Duft, klingt durch alle Geräusche des Tages wie ein Klang aus einer anderen Welt zu uns hin — ohne Unterlaß erfährt der Mensch die Treue des Seins, daß ihn auf allen Ebenen heimsucht, ruft und antreibt, nicht locker zu lassen, bis er endgültig eingemündet ist auf den Weg der Erfahrung und Bezeugung wahrer Einswerdung mit dem Sein. Alles, was Zen ist, kreist um diese Erfahrung und ihre Bewährung, um die »Große Erfahrung«, die »Erleuchtung«, das »Erwachen«. Was immer Zen sagt oder lehrt, was es verneint oder bejaht, was es verschweigt oder sagt, was es übt oder lehrt — es kreist um Satori, bereitet den Weg zu Satori, verweilt im Satori, bezeugt Satori.*

*So sind auch alle Texte aus der Übungspraxis des Zen, offen oder verdeckt, auf Satori bezogen. Einmal hören wir davon, was es heißt, in harter Zucht im Übenden abzubauen, was Satori ausschließt, oder was es heißt, die Bedingungen zu schaffen, unter denen Satori eintreten kann. Ein anderes Mal hören wir von Taten der Meister, die uns zeigen, was es bedeutet, daß ein Mensch fähig war, sich von dem im Satori erfahrenen Sein wirklich verwandeln zu lassen und seine Kraft im gestaltenden oder kämpfenden Dasein zu bewahren und makellos zu bewähren. Und ein anderer Text wiederum belehrt uns über das, was eigentlich dem Erwachen im Weg steht oder aber die praktische Bewährung einer erfahrenen Seinsfühlung vereitelt.*

*Und oft handeln Zentexte auch um diese Weise, wie der Meister den Schüler belehrt, ihn erschreckt und auf dem Wege voran treibt oder um Erfahrungen des Schülers, der über einen Schock zur Besinnung über das Abwegige seiner bisherigen Einstellung gelangt, oder gar durch einen Meisterschlag zum Wahren Leben erwacht.*

## *DIE ÜBUNG DER RECHTEN MITTE*

*Ob Bogenschießen oder Speerstoßen, Schwertfechten oder Ringen, Malen oder einfach nur »Sitzen«, immer hängt der Fortschritt auf dem Wege der Übung davon ab, daß der Übende die rechte Haltung gewinnt, und dies bedeutet: daß er in seine rechte M i t t e kommt. Selten wird in japanischen Texten von dieser Mitte ausdrücklich gesprochen. So selbstverständlich ist sie die Voraussetzung für alles andere, daß sich ihre Erwähnung gleichsam erübrigt. Und doch bildet das Gewinnen der rechten Mitte den Kern, wenn es recht verstanden wird, den Sinn aller praktischen Übung. Denn diese »Mitte« bedeutet nicht mehr und nicht weniger als diejenige leib-seelische Gesamtverfassung, in der der Mensch durchlässig wird für das in seinem Wesen anwesende Sein und fähig, es in der Welt zu bezeugen. Dies aber bedeutet: Die rechte Mitte ist diejenige Verfassung, in der der Mensch in allem Tun und Lassen unbekümmert und unstörbar um den Sinn seiner Bestimmung kreist. Der Japaner nennt diese Mitte »HARA«. Wer einen gefestigten Hara hat, ist in der rechten Verfassung. Wörtlich bedeutet Hara »Bauch«, im übertragenen Sinne aber den S c h w e r p u n k t in der rechten Mitte. Leiblich befindet er sich im unteren Rumpf (koshi). Deutlich wird er in der Mitte des Leibes (tanden) etwas unter dem Nabel gespürt. Darüber hinaus wird er als breite Gefestigtheit des ganzen »unteren Raumes« erfahren, der das Kreuz, aus dem die rechte Form aufwächst, ebenso einschließt wie den Unterbauch, zu dem hin der Mensch sich immer wieder loslassen muß. Was aber hier gleichsam »physisch« beschrieben wird,* meint nichts im eigentlichen Sinne Körperliches, sondern die rechte Gebärde, wie denn überhaupt der Leib des lebendigen Menschen nicht als ein Körper verstanden werden kann, der von seiner Seele getrennt ist, sondern nur als eine Einheit von Gebärden, in denen sich der Mensch als personales Subjekt darlebt, sich ebenso innert wie äußert und in rechter oder unrechter Weise dar-leibt. So auch bedeutet der rechte Schwerpunkt nicht einen physischen Ort, sondern diejenige Zentrierung seiner Gesamthaltung, die Transparenz ermöglicht. Und Mitte meint am Anfang aller Übung die »Erdmitte« d. h. die Verwurzelung in der ursprünglichen Einheit des Lebens, die vor, in und nach aller Bewußtwerdung den Menschen vom Grund her trägt, löst, erneuert und auch zu seiner Form aufwachsen läßt.

Der Mensch kann seinen Halt in der falschen Mitte suchen. So dort, wo er um sein auf Sicherung, Ansehen und abgelöste Eigenständigkeit bedachtes Ich kreist. Und dies drückt sich immer in einer Haltung aus, deren Schwerpunkt zu weit »oben« sitzt.

Den rechten Schwerpunkt finden und sich von der Vorherrschaft dieses Ichs zu befreien, ist letztlich dasselbe; denn in dem Maße, als es dem Menschen gelingt, sich von der Vorherrschaft dieses Ichs zu befreien, verlagert sich sein Schwerpunkt nach unten. Weil aber eben dieser Schwerpunkt kein nur physisches Phänomen ist, sondern Ausdruck einer Gebärde, kann die Übung der rechten Gebärde auch dazu beitragen, den Menschen aus dem Bannkreis des Ichs zu lösen, das ihn »oben«, d. h. in Kopf, Brust und Herz festhält. So wie der Mensch es lernen kann, die nach oben gezogene Haltung als falsche Gebärde zu erspüren, die die Vorherrschaft des von der Welt abhängigen Ichs ausdrückt und immer weiter verfestigt, so kann er es auch lernen, sich oben loszulassen, nach unten hin niederzulassen, um dann gelassen immer wieder die Umschmelzung des hart Gewordenen und ebenso das Werden der neuen Form zuzulassen, die dann im Unterschied zu jeder gemachten und aufgesetzten Form als natürliche Gebärde aufrechten Lebens von selbst emporwächst. Nur wo der Mensch es lernt, sich so zu seiner Mitte hin und von ihr her zu finden, wird er frei von Angst. So gibt es nur aus der gefestigten Mitte heraus jenes unstörbar gelassene, meisterliche Handeln, das sich im vollendeten Kämpfen und Gestalten bewährt; denn kraft dieser Mitte hat der Mensch Anschluß an ein größeres Leben, das ihn mit Vertrauen erfüllt, ihn mit jedem Atemzug aus der angstvollen Enge des Ich-Sein erlöst und für ihn »Pinsel und Bogen« führt.

*Nur aus einer lebensgemäßen Verwurzelung in der Erdmitte seines Daseins, kann der Mensch auch zur rechten »Himmelsmitte« hinfinden und dann im erfahrbaren Einswerden von Himmel und Erde in sich jene wahrhaft personale Mitte ausbilden, die das menschliche Herz bedeutet. Denn das Herz, als Ausdruck der wahren menschlichen Mitte, ist nicht das von Gefühlen bewegte Herz, das von einer Abhängigkeit und Verstrickung in die andere gerät, sondern jene Mitte des Menschen, in der in ihm als Person die Kräfte des Himmels vereint mit denen der Erde in allem, was er tut oder läßt, wie selbstverständlich von der Ganzheit des göttlichen Lebens zeugen: Von seiner Fülle, seinem Gesetz und seiner Einheit. Die erste Voraussetzung aber für das Wachsen dieses wahren Herzens ist die Ausbildung von »Hara« als jener Verfassung, die den Menschen aus dem Bannkreis des Ichs und seinen fixierten Ordnungen befreit, für die Erfahrung des Seins aufschließt und für seine Bekundung in der Welt fähig macht. Hara ist gleichsam das Verbindungsstück zwischen dem überweltlichen Sein und dem geschichtlichen Dasein, zwischen dem Erlebnis der ursprünglichen Einheit und ihrer kraftvollen Bezeugung in der Welt. Darum bildet die Ausbildung, Festigung und Bewährung von Hara ein Kernstück in aller Übungspraxis des Zen.*

## *HANDELN AUS DEM SEIN*

*Wo der Mensch zum Wesen erwacht ist und sich ihm gemäß auch verwandelt, vernimmt er die Stimme des Seins und handelt als unverstelltes Organ ganz unmittelbar aus ihm heraus. Dann ist zwischen Denken und Tun kein Hauch. Aus allem Tun des zum Wesen Erwachten erklingt die ewige Melodie des Großen Lebens. Sie klingt aus seinem Schweigen, wie aus seinem Reden. Und sein Tun ist kein Machen, sondern ein Zulassen des LEBENS, das immerzu in allem Empfangen wie in allem Tun, immer in der Sprache des jeweils besonderen Tuns, durch uns ans Licht drängt, als Werk, Tat oder einfach als lebendige Strahlung.*

*Wie das Sein uns berührt, das läßt sich nicht sagen: Wir erfahren es auf dem Hintergrund unseres gewöhnlichen Daseins als Paradox — und also auch als Ärgernis für den gewöhnlichen Verstand. So kommt es zu uns als unfaßbare Fülle mitten im Elend, es leuchtet ganz plötzlich auf als ein Licht, mitten im Dunkel, und wir fühlen es als große Geborgenheit mitten in der Verlassenheit dieser Welt. Und in unbegreiflicher Weise nimmt es uns Trauer, Verzweiflung und Angst von der Seele. Und ebenso ist auch »Tun aus dem Sein« ein unbegreifliches Tun. Es ist das Gegenteil des gewöhnlichen Tuns. Es ist ein Tun im Nicht-Tun, das mühelos vollbringt, was kein bewußtes Bemühen vermag. Es ist dem Tun des natürlichen Ich nicht nur überlegen, sondern ganz etwas anderes.*

*Für das natürliche Ich ist das Kämpfen, Gestalten, Lieben abhängig von Bedingungen. Es beruht auf dem, was man kann, hat, weiß oder fühlt. Das Tun aus dem Wesen vollzieht sich jenseits aller Bedingung aus einer unbedingten Verfassung. Es geschieht mit nachtwandlerischer Sicherheit, wie unbewußt und unbeteiligt an dem, was »herauskommt«, uninteressiert am Erfolg.*

*Aus dem Wesen heraus l i e b t der Mensch jenseits von Sympathie und Antipathie. Sein Lieben ist ein Zustand, in dem er über sein eigenes Ich weit hinaus ist. Es ist Ausdruck der allverbindenden Einheit des Seins, an der er in seinem Wesen teilhat und die, wo immer er ist, allumfangend wärmt, löst und neues Leben erweckt. Aber vom Sein ergriffen, ist der Mensch doch ohne »Gefühle«. So auch w i r k t der Mensch, der aus dem Wesen heraus da ist, ohne zu »tun«. Fraglos ordnend und gestaltend, wie unbeteiligt am Erfolg, wächst absichtslos, mühelos, wie von selbst, die Form aus der schaffenden Hand. Sie ist Zeugnis eines Geistes, den nichts daran hindert, ganz unmittelbar Gestalt werden zu lassen, was dem inneren Bilde entspricht. Und so auch k ä m p f t der Mensch, der zum Wesen erwacht ist, als gäbe es für ihn keine Gefahr. Er kämpft standfest, treffsicher und furchtlos. Unbeteiligt an Sieg oder Niederlage siegt er so, ohne eigentlich zu kämpfen, dank einer Kraft, die aus der Tiefe kommt. Er kann sie zulassen in dem Maße, als er über sein natürliches Ich hinauswuchs, und sie kann für ihn fechten und siegen in dem Maße, als er sein natürliches Ich aus dem Spiel hält.*

*Was bedeutet also: »Wie unbeteiligt«, »wie unbewußt« und »ohne zu tun«? Es bedeutet, daß ein Mensch jenes Ich zu überwinden gewußt hat, das von Gefühlen bewegt und mit gespannter Aufmerksamkeit vor allem darauf bedacht ist, sich und seine Position in der Welt zu wahren, zu gelten und zu besitzen. »Wie unbewußt« heißt also nicht, daß k e i n*

*Bewußtsein da sei — »wie unbeteiligt« nicht, daß keine Ergriffenheit da sei, und »Nicht-Tun« bedeutet nicht »nichts« tun. Nur die Ich-Bewußtheit, die Ich-Beteiligtheit und das Ich-Tun (das Machen) sind aufgehoben zugunsten einer völlig anderen »Präsenz«. In ihr ist der Mensch in einer Weise hellwach d a , ergriffen und wirksam in Tat und Werk, die jede Ich-Weise zu denken, zu fühlen und zu tun, weit hinter sich läßt. Das Tun ohne zu tun ist also kein Nichts-Tun, sondern ein mächtiges Wirken, das wie von selbst aus einer Verfassung des Menschen herauswächst, in der er durchlässig ist für sein Wesen. Es ist die Verfassung, in der das Ich zurücktritt, das, indem es sich an die Stelle des Wesens setzt und die Kraft aus dem Wesen verstellt, Wesen und Welt voneinander trennt. Solange der Mensch im Banne dieses Ichs steht, ist er in seinem Selbst- und Lebensbewußtsein wie in seinem Tun und Lassen abhängig von der Welt und dem, was es in ihr hat, kann oder gilt. Wo aber das Ich, das uns vom Wesen trennt, den Gegensatz von Ich-Stand und Gegenstand, von Ich und Gegen-Ich herbeiführt und aufrechterhält, zurücktritt, wächst alles Tun ganz unmittelbar aus der Einheit ungeteilten Lebens hervor. Auch die Bewährung eines Könnens ist nicht mehr von Umständen und Bedingungen abhängig. Und in der unstörbaren Zielsicherheit und Wucht seines Tuns und seiner Kraft zum rechten Kämpfen und in seiner Gelassenheit zu vollendetem Gestalten zeugt der Mensch in seinem Handeln von einem tieferen Sein.*

*Die hier folgenden Texte beziehen sich vorwiegend auf das rechte Kämpfen. Leben ist ja immer auch Kämpfen. Dem gewöhnlichen Menschen erscheint dies als der große Widerspruch zur Idee einer friedlichen Welt, einer Welt nur der Liebe und der Harmonie — und er träumt von einer Welt ohne Kampf. Das ist ein unfruchtbarer Traum; denn die Vorstellung eines Lebens ohne Kampf ist eine Illusion. Zen aber zeigt, daß es eine Weise des Kampfes jenseits des Kämpfens und so auch einen Sieg ohne Kämpfen gibt und ein Siegen ohne zu töten. Wo das verstanden wird und auch nur ein Funken dieser Weisheit ins Herz dringt, ändert das Leben sich.*

*Der Übung in einer Werk- oder Tathandlung als Weg zur Erfahrung dieses Seins wie als Übung zur Bewährung des Wesens steht gleichgewichtig gegenüber die Übung im reglosen Sitzen, die Übung des Zazen. Ja, diese Übung zur Sammlung und völligen Stille ist allen anderen Übungen vorgelagert. Von der Übung des rechten Sitzens im Dienst vollendeter Sammlung handeln die letzten Texte dieses Buches.*

## *EIN WORT AN DEN LESER*

*Texte aus der Übungspraxis des Zen stellen besondere Anforderungen an den Leser. Je weiter man eindringt in die Hintergründigkeit ihrer Bilder, desto höher türmt sich der Berg der Fragen auf, die sie wachrufen. Je tiefer man schaut, umso verschlungener erscheinen die Wege ihrer Problematik. Und dann ist wieder alles ganz einfach und klar. Aber aus verblüffender Direktheit und Einfachheit kommt oft ein unerwarteter Anstoß. Auch der mit der hohen Lehre des Zen noch ganz Unvertraute kann unverhofft von einem Bilde, einem Wort, einem Satz so angerührt werden, daß er laut auflacht, um dann sogleich in ein betroffenes Nachsinnen zu fallen, oder sich plötzlich wie erlöst fühlen oder umgekehrt seltsam beschwert von einer Verantwortung, an der er bisher vorbeigelebt hat, und die nun mit einem Mal unausweichlich in ihm aufkommt.*

*In echten Zentexten wird ganz unmittelbar LEBEN zum Wort. Nicht das Leben, darin wir für gewöhnlich dahinleben, sondern das LEBEN, das wir im Grunde sind und darleben sollten, aber nicht im Bewußtsein noch im Gewissen haben. Darum meint jeder Zen-Satz im Grunde oft etwas anderes, als das, was man beim ersten Hinsehen versteht. Jede Aussage ist Gleichnis. Immer aber ist das Leben gemeint, das LEBEN, das jenseits von Leben und Tod, überhaupt jenseits der Gegensätze ist, in die das natürliche Ich, das alles Erlebte »fixiert«, das Leben aufspaltet. Das Leben verträgt die Fixierung in Begriffen nicht. Wohl aber kann es durch ein Wort zum Anklingen, durch ein Bild zum Aufleuchten kommen — vorausgesetzt, daß das rechte Auge da ist, zu sehen und das rechte Ohr, es zu hören.*

*Was meint das rechte Auge, das rechte Ohr, und wann sind Auge und Ohr unrecht? Wann sind sie unfähig, zu sehen und zu hören worum es geht? Sie sind es immer dann, wenn sie nur Organe des Welt-Ichs sind, dessen geistiger Horizont nicht weiter reicht als es die ihm überlieferten Begriffe des Wahren, Schönen und Guten erlauben. Zen meint nicht den »Vollkommenen«, dessen Verhalten widerspruchslos eine vorgegebene Wert-Ordnung erfüllt. Sondern Zen ist der Ort, wo die Wahrheit des sprudelnden Lebens aufbricht, in einer Gesetzlichkeit, Fülle und Kraft, an der alle vorgestellten Ideale verblassen. Der, für den Wirklichkeit nur hat, was er begreift, und verpflichtende Geltung nur, was überlieferten Werten entspricht, für den bleibt Zen ein ewiges Ärgernis. Gewiß, menschliches Leben kann nicht bestehen ohne feststehende Gesetze und Ordnungen. Aber es erstarrt, wo das Feststehende, das das Gewordene in Ordnung hält, überhand nimmt. Der Sinn aller Ratio ist, dem Nicht-Rationalen Lebensräume zu schaffen; der Sinn jeder Ordnung, dem nachwachsenden Leben zu dienen. Und eben in dem Augenblick, in dem verhärtete Einstellungen und Denkformen zerspringen, kann im Bewußtsein des Menschen das LEBEN aufblitzen das jenseits aller Ordnungen ist. Und unerschöpflich ist die Kunst der Meister des Zen, solche Augenblicke herbeizuführen.*

*Wo es um das lebendige Sein geht, um seine Äußerungen in Tat und Werk, muß das gewöhnliche Bewußtsein, in dem man sich logisch mit einem Gegenstand, einem Menschen oder auch einem »Text« auseinandersetzt, zurücktreten und einem Bewußtsein Raum geben, darin man sich das Erlebte nicht gegenständlich, sondern inständlich zu eigen macht. Darum ist auch die gegenständlich-rationale Auseinandersetzung mit Zentexten fruchtlos. Man muß ganz persönlich auf sie eingehen und das Gesagte immer wieder in sich eingehen und still auf sich wirken lassen. Nur das, was in uns, wie in eine offene Schale hineinfällt, kann »ankommen« und seine Kreise ziehen, wie ein Stein, der widerstandslos in ein stilles Wasser fällt. Dann kann die Saat aufgehen, die ein Zentext enthält, als vertiefende Frage, vorantreibender Impuls, neues Gewissen, verpflichtende Beglückung, brennender Schmerz, befreiende Komik. Niemals aber gibt es eine »Lösung«, bei der man sich beruhigt, noch ein endgültig gefundenes Wissen, das man nun hat und als gesicherten Besitz nach Hause tragen kann. Was in Zentexten steht, »hat« man nie — es sei denn als Stachel im Fleisch, der einen ohne Unterlaß immer tiefer in die Verwandlung hineintreibt.*

## *VOM RECHT ZUM KÄMPFEN*

*Eine japanische Geschichte, wiedergegeben von Tora Sasamoto, übertragen aus dem Englischen von Graf Dürckheim*

In einer Übungspause standen die jungen Speerkämpfer, die Schüler des Altmeisters Gen-no-ju Yamawki beieinander und unterhielten sich über den Besten unter ihnen, den jungen Iori Yagisawa.

»Der Meister hat es wiederum abgelehnt.«

»Seltsam, und er hält doch so viel von ihm!«

»Ja, wenn einer von uns das erbeten hätte — aber es Iori abzuschlagen!«

»Wo Yagisawa als der Beste unter allen Speerkämpfern in Yedo gilt.«

»Man sagt, er schlägt jeden Meister der anderen Schulen.«

»Iori Yagisawa gilt als der beste Kämpfer; und nicht nur unter den Heutigen, sondern seitdem unsere Schule überhaupt besteht.«

»Das bedeutet also unter mehr als tausend Schülern.«

»Ich weiß nicht — es soll einmal einen gegeben haben, der ebenso gut gewesen sein muß — so etwa vor zehn Jahren. Es hieß damals, der Meister wolle ihm einmal seine Nachfolge übergeben.«

»Eines Tages ging er fort — kam nicht mehr zurück. Man munkelt, er sei Priester geworden.«

Bei diesen Worten trat Iori Yagisawa in den Raum. Er war erhitzt vom Üben; der Schweiß stand ihm auf der Stirn; ein schöner junger Mensch mit starken Augenbrauen, klar leuchtenden Augen, festen Lippen, entschlossenen Zügen.

Ehrfürchtig näherte er sich dem Meister, der in seiner verhaltenen Weise auf seinem Kissen saß und den einen Ellenbogen leicht auf die Armlehne gestützt hatte. Es war völlige Stille eingetreten. Yagisawa kniete nieder zum Gruß vor dem Alten, der trotz seiner 70 Jahre ein Bild des Lebens war.

Ioris Hände lagen auf der Matte, als er jetzt vor dem Meister kniete.

»Meister —«

Ruhig wandte sich »der Alte mit dem Silberbart« seinem Schüler zu, und ein sanftes Lächeln stahl sich in seine Augen, als er nun fragte:

»Nun? Wieder der Zweikampf, Iori?«

»Ja, Meister. Verzeiht es mir, wenn ich Euch wieder damit komme. Aber einmal noch, ein einziges Mal noch möchte ich Euch bitten: Stimmt dem Gang mit mir zu!«

»Aber Iori, habe ich Dir nicht schon so oft gesagt: Nicht so drängen!«

Seit Beginn der Sommerübung war dies das fünfte Mal, daß Iori den Meister um den Kampf bat. Jedesmal hatte Gen-no-ju es abgelehnt. In allen anderen Dingen hatte er Iori immer willfahrt. Aber in der Ablehnung des Zweikampfes war er fest geblieben.

»Iori, ein Samurai, der seine Kunst beherrscht, muß ein Meister sein, nicht nur in seiner Kunst, sondern auch über sich selbst!«

»Ja, Meister, ich habe diese Lehre voll gegenwärtig.«

»Mag sein, Iori, aber das ist nicht so einfach, wenn man noch jung ist.«

»Verzeiht mir, Meister, wenn ich widerspreche, ich trage Eure Lehre beständig im Herzen. Tag und Nacht handle ich danach.«

Wahrhaftig. Ioris Verhalten war so, daß kein Mensch Schlechtes über ihn auszusagen vermochte. Man konnte ihm keinen Verstoß gegen die Verhaltensregeln der Schule nachsagen.

»Iori — nein, ich übersehe nicht Dein ernstes Bemühen; gewiß ist es ungewöhnlich wie Du . . .«

». . . . .«

»Aber es geht ja um viel mehr als um alles »Verhalten«. Schau, man kann wohl schon so weit sein, daß man jeden Räuber, der einen in den Bergen anfällt, besiegt. — Schwer ist aber eigentlich erst dies: den Teufel im eigenen Selbst zu besiegen!«

». . . . .«

»Sei doch nicht so ungeduldig, Iori. Es bleibt dabei — noch eine Weile — noch nicht, Iori.«

In Ioris Geist war die Gewißheit, daß ihm eines Tages doch endlich die Ehre des Zweikampfes mit dem Meister zuteil werden würde, wenn er nur seine Anstrengung, die Lehren des Meisters zu beachten, unverwandt fortsetzte. Gen-no-ju war schon alt. Es war Ioris Gebet und Hoffen, daß sich sein Traum noch zu einer Zeit erfüllen möge, da der Meister noch bei Kräften war. Und so versuchte er es noch einmal. —

»Meister, vielleicht gehe ich zu weit —, aber ich bitte Euch, sagt nicht nein — wenn ich noch einmal, ein allerletztes Mal darum bitte —«

Iori schien entschlossen zu sein, nicht zu weichen —

»Nun denn . . .«

Gen-no-ju spürte die verzweifelte Entschlossenheit in Iori; er hatte die Augen geschlossen, wie das in ernsten Augenblicken seine Gewohnheit war.

Iori wagte nicht zu atmen —

Lautlos war die Magd eingetreten; sie zündete die Lichter an.

Irgendwo begannen die Herbstmücken zu singen — —

Es war, als arbeite in Gen-no-ju eine schwere Entscheidung. Dann öffnete er gelassen die Augen und sprach:

»Wenn Du es denn gar so unbedingt w i l l s t , werde ich Deine Bitte erfüllen . . .«

»Meister — Dank . . .« Über Ioris schönes Antlitz strömte eine Welle heißen Lebens. Ach, endlich schien sein Wunsch sich zu erfüllen.

Fast feierlich fuhr Gen-no-ju fort:

»Aber vorher . . .«

»Ja?« Das Herz blieb Iori stehen.

»Mußt Du mit einem andern kämpfen.«

Iori wurde dunkelrot.

»Mit einem anderen? Mit wem?«

»Mit Tesshin, dem Einsiedlermönch. Er lebt im Tempelbezirk des Genkujitempels in Tahara-machi Asakusa.«

Iori war nun schon sechs oder sieben Jahre lang Schüler von Gen-no-ju. Aber es war das erste Mal, daß er den Namen Tesshin aus dem Munde des Meisters oder eines seiner Schüler vernahm.

»Tesshin vom Genkujitempel?«

»Ja, wenn Du den besiegt hast, bin ich zu einem Zweikampf mit Dir bereit.«

»Dank, Dank Euch, Meister . . .« Voller Erregung fügte er ein wenig verwirrt hinzu: »Was für eine Art Mensch ist dieser Tesshin?«

»Wozu soll ich Dir das jetzt sagen: Nur eines Iori: Sei auf der Hut. Er ist nicht leicht zu nehmen als Gegner . . . dieser Tesshin.«

Iori erwartete voller Ungeduld Tesshin, den Mönch, im Hause seines Vaters. Jeder kurze Augenblick wurde ihm zur langen Stunde. Endlich kam er. Iori betrat den Empfangsraum und sein Herz bebte. Da kniete nahe dem Eingang des Vierzigmattenraumes in schäbigem Gewand ein untersetzter Mann von ungefähr vierzig Jahren: Tesshin, der Priester.

Iori kniete nieder, verbeugte sich, grüßte —

»Ich bin Iori, zweiter Sohn von Yagiwasa Yamatonokami. Ich bin überwältigt von Eurer Güte, von so weit her zu kommen, zu mir zu kommen, wo es doch an mir wäre, Euch aufzusuchen . . .«

Tesshin antwortete auf Ioris ehrfürchtigen Gruß mit einem leichten Nicken: »Ich bin Tesshin, Dank für Eure Einladung.«

»Nein — es ist ausschließlich an mir, zu danken, Meister —«

»Es ist lang her, daß ich meine Einsiedelei verließ — und es ist ein ganzes Stück von Asakusa nach Honjo, nicht wahr?«

Da war trotz des höflichen Lächelns nicht eine Spur von Entschuldigung, daß er seinen Gastgeber länger als eine Stunde hatte warten lassen. Es war etwas wie Spott in seiner ganzen Haltung. Iori empfand die gleiche Verwirrtheit und Auflehnung wie an jenem Tage, als er den Boten zu Tesshin geschickt und ihn über den Priester ausgefragt hatte.

Iori hatte einen Tag nach der Zustimmung des Meisters, mit ihm zu kämpfen — vorausgesetzt, daß er erst Tesshin besiegt haben würde —, einen Boten zu dem Priester gesandt. Er ließ ihm die Umstände darlegen und ihn um einen Zweikampf bitten. Da nun der Raum des Priesters gar so klein war und überdies viele Wallfahrer zum Gekujitempel kamen, hatte Iori Tesshin zu sich gebeten. Aber Tesshin hatte eindeutig abgelehnt; er sei Priester und habe nichts mit Kriegskünsten zu schaffen. Iori war jedoch keiner, der so leicht aufgab. Auf die vierte Bitte hin hatte Tesshin geantwortet, daß er kommen würde, um Iori einmal zu sehen.

»Wie ich Euch schon durch meinen Boten wissen ließ, folgte ich nur der Anweisung meines Meisters Gen-no-ju Yamawaki; ich habe den Wunsch, Euch zu einem Speerzweikampf zu fordern. Ich bitte Euch, erfüllt mir diesen Wunsch.«

Tesshin erwiederte leichthin: »Ich ließ Euch doch schon durch den Boten sagen: Ich bin Priester und daher kein Mensch, Euch im Zweikampf zu begegnen. Bitte vergebt es mir.“

»Bei aller Hochachtung für das, was Ihr sagt — es ist doch nun einmal die Anweisung meines Meisters. Darum erweicht Euch und . . .«

»Nein, die Tage, da ich einen Speer in Händen hielt, sind ein Traum der Vergangenheit. Nun halten meine Hände die heilige Kette und ich falte sie zum Gebet. Es ist ganz undenkbar, daß ich mit einem heißblütigen Jüngling wie Euch den Speer kreuze.«

In Iori stieg es siedend heiß auf.

»Ich wünsche aber, daß Ihr dies als einen Ausnahmefall betrachtet und mir gewährt, daß . . .«

»Mir scheint, da ist eine Hinterhältigkeit des Meisters Yamawaki im Spiel. Entschuldigt mich . . .«

Das Hin und Her schien sinnlos. Aber Iori fing ab und zu ein geheimnisvolles Leuchten in den Augen des Priesters auf: doch seine Haltung veränderte sich nicht. Eins schien dem Jüngling gewiß: dieser Mönch machte sich über ihn lustig. Und nun das noch! Meister Yamawaki und eine Hinterhältigkeit! Aber wie dem auch sei, darum ging es jetzt nicht. Es ging einzig um diesen Zweikampf; diesen beleidigenden Mönch mußte er brechen.

»Ihr stimmt jetzt ohne weitere Auseinandersetzung zu!«

»Nein. Ein Priester nimmt keinen Speer in die Hand!«

»Ihr weigert Euch also?«

»Wie könnte ich gegen einen Gegner wie Ihr es seid, bestehen!« Jetzt konnte Iori nicht mehr an sich halten: »Wenn Ihr nicht hören wollt, werde ich Euch so lange hier festhalten, bis Ihr es tut.«

Ohne Ioris Ausbruch auch nur im geringsten zu beachten, sagte Tesshin mit unveränderter Heiterkeit: »Ihr wollt mich hier festhalten, wenn ich nicht annehme?«

»Genau das!«

»Dann nehme ich Eure Herausforderung an.«

Iori ist von dieser Antwort völlig überrumpelt und kann nur stammeln: »Was, Ihr nehmt an . . .«

Wenn die Sache nun so verläuft, denkt Iori, ist seine hitzige Unbeherrschtheit kein Fehler gewesen und er sagt:

»Ich danke Euch, Meister. Vergebt mir, daß ich ärgerlich war und so unehrerbietig zu Euch sprach. Aber nun wollen wir uns bereit machen – unverzüglich.«

Darauf Tesshin: »Einen Augenblick. Ja, ich nehme Eure Herausforderung an. Aber ich möchte Euch raten, diesen Zweikampf nicht anzutreten.«

Das hat noch gefehlt! Tesshin spricht immer noch heiter, aber da ist kein Lächeln mehr; es blitzt in seinen Augen; seine ganze Haltung hat sich verändert.

Wütend ruft Iori ihm zu:

»Was, ich soll diesen Zweikampf lassen? Das ist ja seltsam. Und warum soll ich ihn wohl lassen?«

»Weil das Ende ohnehin klar ist; wozu da noch fechten.« Mit einem Mal sind seine Worte rauh und seine Sprechweise hart.

»Der Ausgang klar?«

»Ihr seid kein Gegner für mich.«

Iori ist sprachlos vor Wut. Die Atmosphäre ist zum Zerspringen geladen; aber Tesshin zeigt keine Spur von Bewegung.

»Um Euch die Wahrheit zu sagen: Selbst Euer Meister Gen-no-ju Yamawaki kann im Zweikampf nicht gegen mich an. Die Fähigkeit seines Schülers kann ich erraten, ohne daß erst gefochten werden müßte. Wie wollt Ihr mich schlagen, wenn Euer Meister es nicht einmal vermag?« Dann bricht er in ein lautes Lachen aus »Ha,Ha,Ha . . .«

Erst zugelassen, dann abgelehnt, schließlich verlacht — Iori wird abwechselnd rot und blaß.

Bis jetzt hat er Tesshin nur für einen Priester angesehen, der ihn demütigen will; aber plötzlich ist dieser Mann ein anderer. Dieses seltsame Leuchten in seinen Augen — dieser Geist, der von ihm weht —; jetzt heißt es, auf der Hut zu sein.

Iori ist außer sich. »Eine Frechheit! Steht auf und macht Euch fertig!« Er tobt. —

»Iori, es ist wirklich sinnlos, gegen mich anzutreten.«

»Steht auf, sage ich!«

Iori hat ihm einen der bereitstehenden Speere gereicht.

»Halt, einen Augenblick«, sagt der Priester.

». . . ? . . .«

»Ein Holzspeer? Nein, nehmt einen echten und geht auf mich los.«

»Mit einem scharfen Speer??« »Jawohl.« Iori denkt: »Das kommt mir gerade recht« und er antwortet: »Das ist genau das, was ich mir wünsche« und er geht, um die Speere zu holen.

Als er dann zurückkehrt, ist er gegürtet, mit Kopfschutz und den üblichen Schutzhüllen, und er trägt zwei Speere unter dem Arm; aber Tesshin ist nicht zu finden. Rasch durchsucht er den Garten; er entdeckt den Prieser, der im Grase sitzt — in der gleichen seltsamen Art, wie er schon im Hause gesessen hat.

Die Herbstsonne geht rasch zur Neige; sie wirft ihre langen Schatten über die Büsche und das große Wasserbecken.

Iori ist immer noch außer sich vor Zorn; er geht auf Tesshin zu und wirft ihm die beiden Speere vor die Füße.

»Sucht Euch einen aus!« sagt er.

»Ich brauche keine Waffen, um gegen so jemand wie Euch zu kämpfen«, antwortete Tesshin, ohne die Speere eines Blickes zu würdigen.

Mit zuckendem, todblassem Gesicht knirscht Iori »Unverschämter!« Eine weitere Antwort scheint sinnlos. So ergreift er einen Speer, wirft den Kopfschutz zurück und schreit Tesshin an: »Hai! — Ich komme!«

Die Speerspitze blitzt auf; die letzten Strahlen der untergehenden Sonne spiegeln sich darin.

Wortlos erhebt Tesshin sich; streift mit einem schnellen Griff sein Obergewand ab und steht nun, nackt bis zur Hüfte da ... Iori ist einen Augenblick ohne Fassung; ein Zittern geht durch seinen Leib; dann reißt er sich zusammen und geht vor. »Hai!« ruft er. Aber seine Stimme klingt etwas hohl. Jetzt erst wendet sich Tesshin ihm zu und schaut ihn an aus zwei weit offenen Augen. Sein Kopf pendelt, rollt, wiegt sich hin und her. Mit verschränkten Armen geht er gelassen auf Iori zu. Ein unheimlicher, ein seltsamer Schritt, wie der Tanz eines hundertarmigen Tintenfisches. Iori findet keine Stelle, ja nicht den kleinsten Punkt, der ihm Vorteil bringen könnte; da ist auch nicht das winzigste Loch, um zuzustoßen.

Iori ist überwältigt; es gibt für ihn nur noch eins: Zurückzuweichen, Schritt für Schritt, Schritt für Schritt, genau in dem gleichen Rhythmus, in dem Tesshin vorrückt. Ihm ist, als würde er erwürgt. Die Speerspitze zittert; kalter Schweiß bricht ihm aus, diese Augen — diese Augen — —. Die zitternde Speerspitze schwankt auf und ab. Iori kann es nicht länger ertragen — er will schreien — seine Niederlage zugeben — aber die Stimme versagt.

Die Schatten des Abends sind länger geworden; schon liegen sie über dem Garten; langsam steigen sie himmelwärts.

Iori ist zumute wie einer Puppe, die man hin und her stößt. Schon nähert er sich im Zurückweichen dem Teich, sein Bewußtsein trübt sich und der tanzende Oktopus verschwimmt vor seinen Augen.

»Iori, wirf den Speer weg!« Irgendwoher kommt diese Stimme. Es ist die Stimme seines Vaters. Der Speer fällt wie von selbst aus der Hand. Er wirft sich auf die Knie, seine Hände sind vor ihm auf der Erde, er kann nur noch stammeln: »Ich bin geschlagen.«

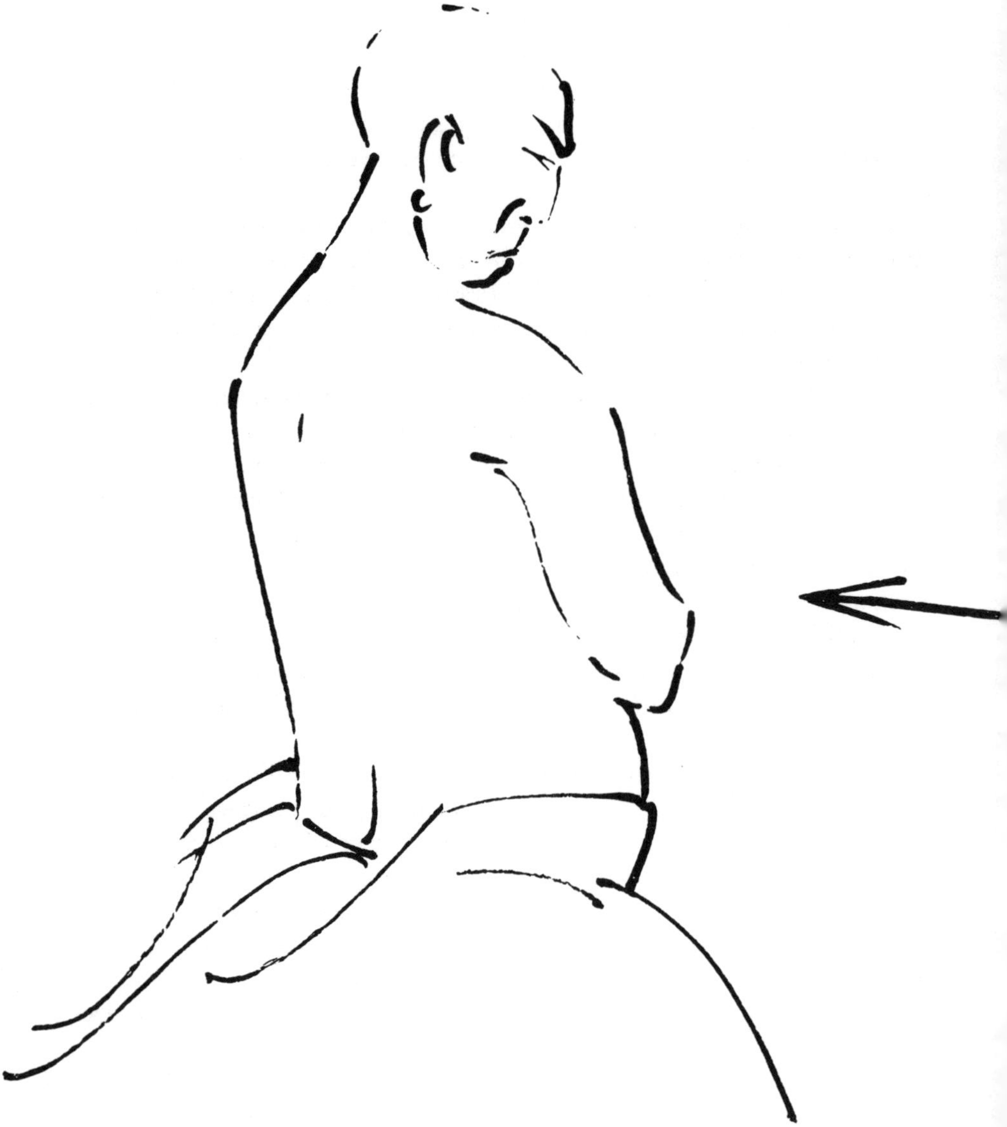

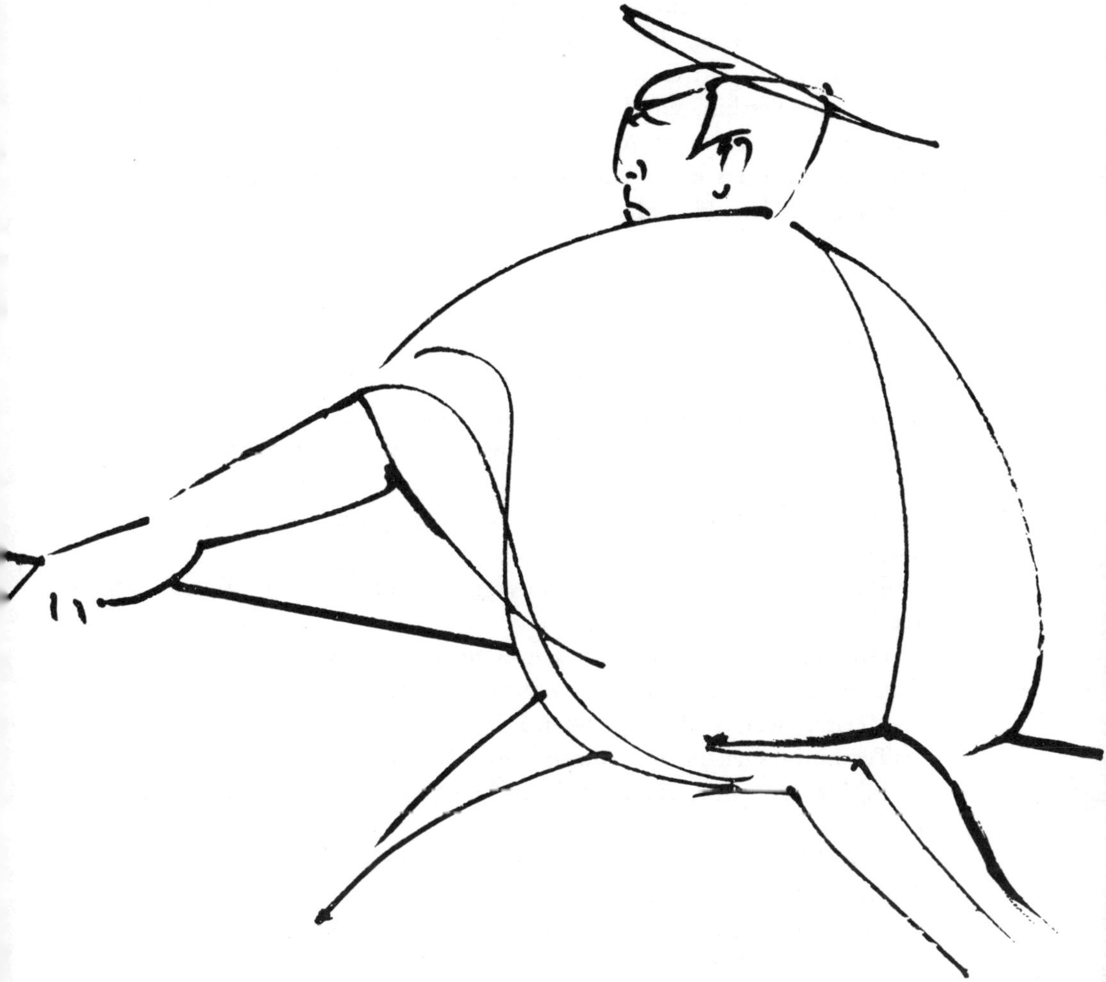

Ioris Vater verneigt sich höflich zu Tesshin hin und sagt: »Ich weiß nicht, wer Ihr seid, aber mein Sohn ist offensichtlich kein Partner für Euch. Erlaubt mir, statt seiner Euch zu danken, daß Ihr ihm die Lehre zuteil werden ließet, die seiner Anmaßung zukommt.“

Tesshin zieht sein Gewand wieder hoch und antwortet:

»Ich bin Tesshin, ein Eremit, der im Bezirk des Genkujitempels in Asakusa lebt. Verzeiht mir die unmanierliche Darbietung. Mit etwas mehr Hingabe an seine Übung wird Iori ein außerordentlicher Speerkämpfer werden, Ha, Ha, Ha —«

»Meister.«

Am nächsten Tage kniet Iori, immer noch blaß von seiner Begegnung mit Tesshin, in tiefer Verbeugung vor Gen-no-ju.

»Oh, Meister. Eure durchdringende Einsicht ... gestern hat Tesshin mich entscheidend geschlagen.«

Gen-no-ju schließt die Augen ein wenig und sagt: »So — also geschlagen.«

»Ja, mein Können ist zu armselig, um gegen einen Tesshin anzutreten.«

»Hm, 10 Jahre ist es jetzt, daß er in seine Einsiedelei ging, aber sein Können scheint nicht geringer geworden zu sein ...“

»Meister, wer ist dieser Tesshin?«

»Tesshin?« Gen-no-jus Augen schweifen in die Ferne. »Tesshin war ein Schüler von mir, etwa 10 Jahre lang, nachdem ich zu lehren begonnen hatte.«

»Aber Meister, warum ist ein so außerordentlicher Speerkämpfer wie er Mönch in einer Einsiedelei?«

»Sieh, Iori, das war so: Er hatte gute Anlagen, genau wie Du. Er hatte ein bemerkenswertes Können, Iori. Aber er hatte keine Kontrolle über sein Gemüt. Wegen einer Kleinigkeit hatte er eine Auseinandersetzung mit einem älteren Schüler; er forderte ihn zum Zweikampf heraus und rannte ihm den Holzspeer durch den Leib.“

»— — — —«

»Seine Reue war tief und so ging er in die Einsamkeit. Wir schreiben uns von Zeit zu Zeit. Es scheint, als habe er sich einigermaßen in die Gewalt bekommen.«

Iori nickt still vor sich hin und spricht:

»Meister, Tesshin sagte« — und dann berichtete er genau über die Haltung des Priesters vor dem Kampf. Auch die Worte, daß der Meister Gen-no-ju kein Gegner für ihn sei, gibt er wieder. »Warum sagte er so etwas?« fragte Iori.

Gen-no-jus weißer Bart ist wie eine Welle, als er den Kopf zurückwirft und lacht.

»Hat er das wieder gesagt? Er ist schon ein Tropf! Zweimal habe ich Schüler von mir zu ihm geschickt, um ihn herauszufordern und jedes Mal hat er das gleiche gesagt.«

»... — — — —«

»Iori, — einfach die Tatsache, daß Du durch seine Worte aufgebracht werden konntest, beweist, daß Du Deine Gefühle noch nicht in Zucht hast. So gingst Du stracks in Tesshins Falle. Du hast Deinen Sinn noch nicht in der Hand.«

Tief senkten sich die Worte des Meisters in Ioris Seele.

»Die große Zucht betrifft nicht allein das Können, nicht allein die Form. Wie oft habe ich Dir das gesagt? Das ist der Punkt. In der Zucht Deines sichtbaren Verhaltens hast Du es ziemlich weit gebracht. Aber ich fühlte, Iori, die genügende Selbstkontrolle, die große Disziplin des Gemütes, da fehlt es noch. Darum ließ ich Dich auch noch nicht gegen mich selbst antreten.«

»Ja Meister —« Ioris Herz quillt über, als er jetzt des Meisters überlegene Güte begreift.

»Ich werde alt, Iori. Meine Kräfte lassen nach. Du sahst nur diesen Rückgang meiner körperlichen Kräfte, nur den sichtbaren Ausdruck meines Älterwerdens. So wurdest Du ungeduldig. Gewiß — es gibt eine Grenze der sichtbaren Kräfte ... aber der anderen, Iori? Wenn Du immer noch gefangen werden kannst durch das, was das Auge sieht, dann wird es noch eine geraume Weile mit Dir dauern. Verstehst Du, was ich meine?«

Iori ist zutiefst ergriffen; seine Stimme bebt als er antwortet: »Ja! Ja! — nun erst dringt mir Eure Lehre ganz ins Herz.«

»Hm, Iori, das ist gut so.« Und nach einer kleinen Pause fügt Gen-no-ju hinzu: »Bald, ja vielleicht schon bald wirst Du gegen mich antreten dürfen.«

»Dank Euch, Meister — aber ich fühle, ich bin noch weit davon entfernt —« Wieder war in den Augen Gen-no-jus dieses Leuchten eines sanften, gütigen Lächelns.

»Nein, nein, Iori — wenn Dir das aufgegangen ist, dann genügt es. Laß uns bald gegeneinander antreten.« Und der Meister lachte sein Lachen der stillen Zufriedenheit.

Iori wandet sich zur Seite; er spürte, daß etwas Neues, Gutes soeben in ihm geboren war — er ging in den Garten. Seine Seele war geläutert, sein Herz war ganz rein. Er kämpfte gegen die Tränen, die aus seinen Augen zu strömen begannen. Der Morgentau auf den Blättern und Gräsern beim Wasserbecken glitzerte im Strahl der aufgehenden Sonne.

# *DIE EINHEIT VON KEN UND ZEN*

*Ein Text des Zen-Meisters Takuan, erläutert von Reibūn Yuki, übersetzt aus dem Japanischen von Fumio Hashimoto*

Das Ken (Schwert) ist eines der drei geheiligten Erbstücke des japanischen Kaiserhauses. So besteht das Wesen des Ken-Do (Schwertweg) darin, sich seinen heiligen Sinn zu eigen zu machen. Es war Takuan[1]), der Zenpriester, der sich zu Beginn der Edozeit, also gerade in einer Zeit, in der der eigentliche Geist des Kendo eher verkannt wurde und in Verwirrung war, sich vom Standpunkt des Zen aus um eine Erklärung des Kendo bemüht hat.

Worauf es Takuan eigentlich ankam, war nichts anderes als die Ursache klarzulegen, warum so mancher Kenkaku (Schwertfechter) nicht zum eigentlichen Wesen des Ken vorzudringen vermag. Nach Takuans Meinung kommt das daher, daß der Mensch vom kleinen Ich und dessen Eigenwillen ergriffen ist, so daß also Kendo, recht verstanden, nichts anderes ist als die Übung, die Herrschaft des Ichs und seiner Antriebe abzuschütteln. Unter dem Einfluß des kriegerischen Zeitalters war auch der Kendo zu einer Sache der Gewalttätigkeit geworden, und so also sein Geist verkannt. Takuans Verdienst war es, die dem Schwerte eigne große Seele wieder offenbar zu machen.

1) 1573-1645

Takuans Grundgedanke war „Ken und Zen sind eins". Was bedeutet das? Es gibt Leute, die das mit dem gesunden Menschenverstand zu verstehen suchen, also etwa sagen: Der Kendo und der Zendo (Weg des Zen) haben vielerlei Gemeinsames. Ein Anfänger, wer so denkt! Der wirkliche Sinn dieser Einheit ist ein völlg anderer. Vom recht verstandenen Ken aus gesehen sind nicht nur der Zen, sondern auch das große Gesetz von Himmel und Erde sowie alle Gesetze des Weltalls nichts anderes als Kendo; und umgekehrt, vom Zen her gesehen, sind nicht bloß das Ken, sondern auch alle Dinge des Universums nichts anderes als Wellenbewegungen auf dem Ozean des Zen. Noch eindringlicher gesagt: Die Einheit von Ken und Zen bedeutet jene Stufe, auf der es weder Ken noch Zen gibt und wir trotzdem im Weltall nichts finden können, was kein Ken und kein Zen wäre.

Vom Standpunkt des Ken-Mannes aus, der das begriffen hat, ist der schonungslose »Sanzyubo« (= die 30 Stockhiebe, die der Zazen-Übende von Zeit zu Zeit vom aufsichtsführenden Priester zur Warnung oder Strafe empfängt) der Obaku-Sekte (die rigoroseste Sekte des Rinzai-Zen) nichts anderes als im Kendojo (die Übungsstätte der Schüler des Schwertes) das Ken, das blitzschnell auf den Kopf des Gegners niederfährt. Vom Zen-Mann her gesehen, der die gleiche Stufe erreicht hat, ist diese Form des blitzschnellen Niederschlagens im Dojo (Fechtboden) nichts anderes als der Sanzyubo, der die Gelegenheit der »Erleuchtung« auslösen kann.

Wenn der Kenkaku beim Fechten ganz oder gar vom »Geist« erfüllt und gespannt ist und also dort wohnt, wo es keine Wohnung mehr gibt *(muju)*, bzw. dort ruhig zu verweilen vermag, so hat er keine Blöße mehr, die man auch mit einem noch so dünnen Haar zu berühren vermöchte — selbst für den Hieb eines Kenmeisters. Mit anderen Worten, es hängt von der Sammlung oder der Zerspreitung des Geistes ab, ob der »Sinn« voll gefüllt ist oder nicht, und also, ob der Kenkaku geschlagen und niedergehauen wird oder nicht. So geht es beim Erlernen des Kendos nicht darum, auf den anderen zu zielen, sondern nur darum, den eigenen Sinn zu schmieden. Was der »andere« i s t , das ist letzten Endes vom Vollendungsgrad meines Sinnes abhängig, mit dem man am Ende aus dem anderen macht, was man will.

Wie man im Zen oder im Kendo sagt: Teetrinken oder Mahlzeithalten ist, recht verstanden, nichts anderes als Zen, die alltäglichen Lebensgewohnheiten — wie Gehen und Bleiben, Sitzen oder Liegen — nichts anderes als Ken, so kann man auch nichts Besonderes oder Bestimmtes als Zen oder Ken bezeichnen. Alle Dinge sind im Grunde Ken — Zen. Stimmt das, so kann man ebenso sagen, daß es kein Ken und kein Zen gibt, oder: Daß gerade darin, daß alle Dinge nichts anderes sind als Ken und nichts anderes als Zen, das rechte Ken und der rechte Zen enthalten sind. M. a. W., man vermag erst dann das rechte Ken und den rechten Zen zu erfassen, wenn man das so »genannte« Ken und den so »genannten« Zen überwunden hat. Aus dem gleichen Grunde vermag man erst dann zu behaupten, daß man Kendo oder Zendo wirklich erlernt hat, wenn man überall — also auch über alle Bindung an eine bestimmte Übungsstätte *(dojo)* hinaus — an allen Orten des Alltags den rechten Dojo entdeckte. Aus dem gleichen Grundgedanken heraus ist auch jeder Kendo, der nur in der Handfertigkeit der Schwertübung gipfelt, nichts als eine Afterkunst.

Die Endstufe des Zen ist eine Haltung, die sich im Alltag bewährt. So auch bewahrheitet sich der Kendo in der Führung des alltäglichen Lebens. Tag und Nacht sind gespannten und vollen Sinnes. Das vom Geist voll erfüllte und gespannte Leben ist das, darin der Mensch sein kleines Ich aufgegeben und es mit dem Wesen verschmolzen hat und für die Große Gerechtigkeit lebt und stirbt. Wer unter dem Kendo nichts anderes sieht als eine Kunst des Hauens und Stoßens, geht am Sinn der großen Meister des Ken völlig vorbei und entweiht das Ken. Das ist etwa dasselbe, als wenn einer im Zen nichts als eine Art Sitzübung sieht.

Takuan sagt am Anfang des Taiaki: »In der Kunst des Kämpfens geht es nie um Sieg und Niederlage«. Was heißt das? Von Miyamato Musashi[1]) stammt der Spruch »Banri ikku«, d. h. »Eins führt zu Zehntausend«. Zehntausend, das bedeutet zehntausend Gesetze, das Gefüge von Gesetzen überhaupt. Miyamato Musashi sah in diesem Spruch das Geheimnis aller Kunst des Kämpfens. Spricht man mit Bezug auf »Banra« von »ikku«, so bedeutet hier »Ku« das »Leere«, ikku also die eine Leere, was wiederum im Buddhismus soviel wie »Muga« (»Ichlosigkeit«) meint. Das aber ist die Stufe des Erleuchteten, auf der das vordergründige Ich völlig aufgehoben ist. Der Sinn des Ausspruchs Banri ikku, auf die Kunst des Kämpfens angewandt, bedeutet also: Nur wer die Stufe des Erleuchteten mit ihrer gänzlichen Befreiung vom Ich erreicht hat, kann einen rechten Kampf kämpfen, tausenderlei Wendungen und Wechsel vollziehen — ohne jede Hemmung, unfehlbar.

Die Große Wahrheit, die in dem Satz »Banri ikku« enthalten ist, wird erst dadurch offenbar, daß jedes Besondere, seine Besonderheit bewahrend, zugleich sein kleines Ich aufhebt und in das große, das »ichlose Ich« ein-geht. Vom höchsten Standpunkt aus gesehen, sind alle Dinge der Welt unabdingbare Momente im Ganzen. Wären sich alle Dinge dieser ihrer eigentlichen Bedeutung bewußt, und erwachte jedes zu der ihm eigentlich innewohnenden Spannung, so vermöchten sie nicht nur so erst ihre Besonderheit voll zur Geltung zu bringen, sondern ihr kleines Ich verleugnend, zugleich auch zur vollen Selbstlosigkeit hinzufinden und so erst der alle Individualität übergreifenden und durchdringenden allgemeinen Kraft inne zu werden. Das auch erst offenbarte den Sinn des Satzes »Banri ikku« — wie des anderen »Bambutsu wa ittari nari«, der da sagt: Alle Dinge der Welt sind (im Grunde) *eines* Wesens — ein Leib.

---

1) 1582-1648 berühmter Meister der Fechtkunst und des Malens

Im Selbstbewußtsein der Einkörperlichkeit aller Dinge im Wesen ist das »Andere« ohne weiteres zugleich das »Selbst« und das »Selbst« ohne weiteres auch das »Andere«. Die Seelenstufe dieses »Selbstbewußtseins der Einkörperlichkeit« zu erreichen, ist der Sinn des Kendo.

Vom Standpunkt des gewöhnlichen Menschenverstandes ist die Kunst des Kämpfens eine Kunst, bei der man den Kampf im Gegensatz (im Stand und Gegen-Stand) zu einem Feinde zu entscheiden hat. Aber Takuan setzt an die Spitze seiner Erklärungen den Satz: »In der Kunst des Kämpfens handelt es sich nicht um Sieg und Niederlage, nicht um stärker oder schwächer, nicht um einen Schritt vor- oder rückwärts.« Das trifft nicht nur den Laien, sondern auch einen erprobten Kriegsmann wie ein Blitz aus heiterem Himmel. Takuan erläutert seinen Satz selbst dahingehend, »daß man ohne einen Schritt vorwärts oder rückwärts ganz einfach auf der selben Stelle (stehen bleibend) siegen soll«. Darin aber liegt nicht nur die letzte Weisheit aller Kunst des Kämpfens, sondern auch das Geheimnis der rechten Behandlung aller menschlichen Angelegenheiten überhaupt.

Wie kann man siegen ohne zu kämpfen? Geht es nicht um eine rechte Methode des Kämpfens, wenn es zum Siege führen soll? Ja — aber wenn man eben bei der »Methode« auf das falsche Geleise des Denkens gerät, wird man auch gegen die Absicht, nicht zu kämpfen, in ein bloßes Kämpfen verfallen. Wer bei »Methode« an Listen und Ränke denkt, muß ins »bloße« Kämpfen geraten. Wo Kunstgriffe ausgedacht und Ränke gesponnen werden, geschieht das immer unter der Denkvoraussetzung »Ich« und der »Andere«. In der Welt solcher Kunstgriffe und Ränke ist der Sieg ohne Kampf das Letzte, worauf zu hoffen ist. Das führt vielmehr nur in einen wechselvollen Zustand bald eines Sieges — auf Grund eines geglückten Kunstgriffes, — bald einer Niederlage durch einen geglückten Kunstgriff des Feindes. »Dann muß man« — wie es in einer Überlieferung von Sekiun über den Kendo heißt — »bald einen Schwächeren besiegen, bald von einem Stärkeren besiegt werden oder bald mit einem Ebenbürtigen gemeinsam untergehen. So aber kann es nie zu einer endgültigen Lösung kommen«.

Siegen ohne zu kämpfen — wie man das macht? Takuan antwortete: »Das wird sofort gelingen, wenn man die Stufe erreicht, auf der weder der Feind mich noch sieht, noch ich den Feind sehe, Himmel und Erde noch nicht geschieden sind, Schatten und Licht, In und Yo sich noch nicht zeigen!« Den Satz »weder der Feind mich sieht noch ich den Feind« erläutert Takuan selbst folgendermaßen: »Hier bedeutet ‚Ich' nicht das Ich im Sinne des persönlichen Ichs *(ninga)*. Mein persönliches Ich das sieht jeder gut. Aber mein Ich im Sinne des wahren Ich *(shinga)* das sieht man sehr selten. Also bedeutet, ‚weder der Feind mich sieht, noch ich den Feind': »weil ich kein Ich im Sinne des persönlichen Ichs im Auge halte, so sehe ich notwendigerweise keine Kampfeskünste des feindlichen Ichs im Sinne seines nur persönlichen Ichs. Das schließt aber nicht aus, daß ich den Feind vor Augen habe — ihn also sehe! Ihn sehen, aber doch nicht sehen — das ist das Wunderbare, darin liegt der Sinn.«

Das Ich im Sinne des wahren Ichs ist ein Ich, das sich dort findet, wo Himmel und Erde noch nicht voneinander geschieden sind, und das schon war, ehe noch Vater und Mutter einen erzeugten. Dieses Ich ist ein Ich, das in mir, in den anderen, in Vögeln und Vierfüßlern, in Pflanzen und Bäumen, kurz in allem ist. Es ist die Buddhatwa (die Buddhanatur). Es ist ein Ich ohne Schatten und Gestalt, ohne Leben und Tod. Es ist keineswegs ein Ich, das man mit bloßen Augen sehen könnte. Nur der Erleuchtete kann es sehen. Wer es gesehen hat, den nennt man einen »durch Entdeckung der Buddhanatur zur Buddhawerdung Erwachten«. — Einst auch erreichte Shakyamuni die Erleuchtung, nachdem er sich sechs Jahre lang auf dem Berge Setzusan hart geübt hatte. Das war das Sich-Auftun *(satori)* des wahren Ichs. Wie könnte ein gewöhnlicher Mensch ohne Kraft des Glaubens schon in drei oder fünf Jahren zu solcher Erleuchtung kommen? So also müssen Lehrlinge des Buddhismus in 10- oder 20jähriger härtester Übung, von morgens bis nachts unausgesetzt in ihrer Übung durchhaltend, die große Glaubenskraft auszulösen suchen, übend bei Priestern von hoher Tugend und keine Mühe scheuend, mit Leib und Leben auf den Grund der Lehre zu kommen — so heiß im Bemühen wie Eltern, die nach ihren entlaufenen Kindern suchen. Dann werden sie vielleicht, an der äußersten Grenze alles Lernenkönnens angelangt, eines Tages wie von selbst die große Erleuchtung erreichen.

Ogasawara Genshin, einer der Jünger Kamiizumi Isenokamis, hatte etwa dreitausend Schüler, an deren Spitze ein Meister namens Hariya Sekiun stand. Es gibt ein Buch von ihm »Kempo Sekiun sensei soden« (Überlieferung über die Kempo [Kendokunst] von Meister Sekiun), das des Meisters Lehre über den Kendo der Nachwelt überliefert. Darin unterscheidet der Meister die Kempo aus der tierischen Seele des Menschen von der aus seiner eigentlichen Menschennatur und spielt die letztere als das wahre Bild des Schwertes gegen die erste als einen Wahn und Irrtum aus. Die Denkweise, die die Kempo für einen Inbegriff von Kunstgriffen zur Überwindung des Schwächeren durch den Stärkeren hält, ist nichts anderes als etwas, das unmittelbar aus der Vorstellung eines tierischen Kendo abgeleitet ist. Aber der Kendo aus der eigentlich menschlichen Natur ist eine Kunst, die dem Menschen innewohnende Buddhanatur offenbar zu machen.

Will man Sekiuns Ansicht über den Kendo mit Takuans Worten umschreiben, so handelt es sich um den Unterschied zwischen dem Schwerte des »persönlichen« Ichs und dem Schwerte des »wahren« Ichs. Das persönliche Ich, das Ich, das der gewöhnliche Menschenverstand sieht, ist das gebundene, eigennützige Ich (das immer nur seinen »Stand« wahrt), und dem dann als »Gegen-Stand« als »Partner« immer auch ein persönliches Ich entspricht. Wer sich nur auf dieses Ich stützt, mag wohl anfangs mit dem anderen einige Punkte der Verständigung finden, er wird irgend wann aber dann doch in die Lage kommen, mit dem anderen zu streiten; denn das persönliche Ich ist das Wesen, das sich seiner Natur nach immer einem anderen entgegensetzt. Wer sich allein auf sein persönliches Ich stützt, wird schließlich immer seiner tierischen Seele verfallen, um überhaupt leben zu können. Das aber gilt alles auch vom Kendo. Wenn verschiedene Individuen nur vom Stande ihres persönlichen Ichs aus fechten, so ist das ein häßlicher Kampf, der sich nur zwischen einem (an sichtbaren Kräften, Kunstgriffen und Ränken) Stärkeren und einem Schwächeren abspielt.

Wenn man mit dem Festhalten am persönlichen Ich dem Bild des Alls und so auch des wahren menschlichen Lebens entspräche, so dürfte man nicht anders als im Sinne dieses Ichs handeln, so häßlich und elend das auch wäre. Aber so ist es eben nicht. Das wahre Bild des Lebens geht im Menschlichen erst auf, wo man das persönliche Ich überwindet und endlich das wahre Ich hervortritt.

Das Schwert des nur persönlichen, gebundenen Ichs muß am Ende in die Welt der Tiere und der Asura (Kampfteufel) absinken, einfach weil »ich«, immer den »Feind« »mich« sieht, beide in ihrer Gegensätzlichkeit verharren und sich gegensetig nur verschlingen und vernichten möchten. Nach Takuan aber ist das eigentliche Wesen des Schwertes das genaue Gegenteil davon. Daher auch dieser Satz, daß »daß der Feind nicht mich sieht und ich nicht den Feind«. Das wahre Wesen des Schwertes öffnet sich erst mit der Entdeckung des eigentlichen, des wahren Ichs, welches das nur persönliche Ich jeder Art überwindet, vernichtet und verbannt. Das Sprichwort sagt: »Räuber im Walde sind leicht zu werfen, nicht so der Räuber in uns«. Auch im Kendo ist der eigentliche Feind nicht draußen, sondern in uns selbst. Vermöchten wir nur den Feind in uns selber, das heißt das nurpersönliche Ich ganz zu vernichten, dann würde der Feind außer uns ganz von selber verschwinden. Das Aufgehen des wahren Ichs in uns wird in der Aufhebung des persönlichen Ichs offenbar. Daher sagt auch Takuan: »Man soll immer das Eine im Auge haben, darin Himmel und Erde noch nicht geschieden sind, In und Yo sich noch nicht zeigen. Man soll lernen, unmittelbar zu schauen ohne der (unterscheidenden) Begrifflichkeit der Oberfläche zu verfallen«.

Das wahre Ich wird niemals auf dem Wege des Verstandes oder der Vernunft offenbar. Wenn Takuan sagt: »... an der äußersten Grenze aller (noch begreifbaren) buddhistischen Lehre«, so hängt also alles daran, daß man, in ständiger Übung, bis an die Grenze der Kraft, bis zur Erschöpfung gehe. Nur so zerreißt der Wahn des persönlichen, individuellen Ich und ruhig vermag man, auf der Felsenkippe schwebend, »hängend zwischen Leben und Tod«, das Schwert von drei Shaku Länge zu schleifen. Wer sich zwanzig bis dreißig Jahre in unausgesetztem Bemühen erschöpft, den mag dann wohl einmal die Erleuchtung, daß der Feind und Ich »im Grunde« eins, bzw. »Nicht-Zwei« sind, wie ein Blitz durchfahren. — Das »Schwert schleifen« bedeutet sich selber schleifen. Sich des Schwertweges befleißigen, heißt, sein Inneres bilden. Vor dem wahrhaft Großen beugt sich, vom Strahl seiner Würde berührt, alles von selbst. Siegen ohne zu kämpfen, bedeutet, andere mit der Kraft seiner Tugend zu beugen. Nichts anderes meint der Begriff vom »wahren, wunderbaren Schwert«.

Wer sich das »wahre und wunderbare Schwert« zu eigen gemacht hat, hat die Kraft der Lebenserweckung und des Tötens und kann mit dieser Kraft siegen ohne zu kämpfen. Takuan bringt das in dem Satz zum Ausdruck: »Der Meister tötet nicht mit dem Schwert, sondern macht damit lebendig. Er tötet, was er töten muß und macht lebendig, was es gilt, zum Leben zu bringen«. Beim Töten Samadhi des Tötens, beim Lebendigmachen Samadhi des Belebens. Den Satz »Der Meister tötet nicht mit dem Schwert« erläutert Takuan selbst so: »Auch wo der Meister mit dem Schwert nicht »tötet«, schrickt der andere vor der Wahrheit, die der Meister verkörpert, zusammen, wird wie von selbst ein toter Mann und findet seinerseits am Meister keine Stelle, an der er ihn treffen könnte.« Den Satz »sondern macht damit lebendig« erläutert Takuan selbst so: »Der Meister spielt mit seinem Gegner, läßt ihn sich verhalten, so wie er es im Sinn hat, kann ihm ruhig zusehen, ohne ihn zu töten« (und bringt ihn endlich zu sich selbst). So hat er die große Freiheit, zum Leben zu bringen oder zu töten. Der Eingeweihte hat diese »Stufe des Schwertes«, auf der das Schwert nicht mehr die Kunst des (äußeren) Tötens bedeutet, sondern die Kunst lebendig zu machen. Das Schwert aber eines in seinem persönlichen Ich befangenen Menschen kann auch dann nicht »Leben erwecken«, wo er es wohl möchte. Unwillkürlich verwandelt sich bei ihm das Schwert immer zu einem Werkzeug des Tötens. So kommt es nie auf das »Schwert« an, sondern immer auf den Menschen, der es gebraucht.

Das Schwert des persönlichen Ichs ist das der feind-setzenden »tierischen Seele«. Es ist das Schwert einer Welt, in der der eine den anderen beseitigen muß, um selber zu leben. Das gilt nicht nur für die Welt des »Schwertes« im engen Sinne des Wortes. Alle Verhältnisse zwischen Menschen, in denen es um den eigenen Nutzen geht, zeigen das tötende Schwert. Der eine kann sich nicht »nützen«, ohne dem anderen zu schaden. Auch wo das Ordnungsprinzip »Gemeinnutz geht vor Eigennutz« aufgerichtet wird, bleibt alles beim Alten, solange die Seelen der einzelnen nicht von Grund auf erneuert werden. Im Buddhismus nennt man die Übung des Buddhaweges »Ichidaiji-Innen«, das bedeutet das »Wichtigste unter allen Ursachen und Anlässen«. Den Buddhaweg üben bedeutet aber: Das persönliche Ich überwinden und mitten in einer Welt des Eigennutzes sich auf die Stufe der Wahrheit erheben und diese bewähren.

»Ichidaiji-Innen« ist nichts anderes als das lebendig machende Schwert, das zugleich das tötende Schwert ist, aber in einem Sinne, darin Töten und Lebendigmachen ein und dasselbe sind. Solange man das zum Leben erweckende und das tötende Schwert für zweierlei hält, ist man von der Schwertstufe im Sinne Takuans noch weit entfernt. Das Schwert des Meisters macht den Gegner allein mit der ihm innewohnenden Kraft zum toten Mann. Die Kraft des im Meister lebendigen wahren Ichs vernichtet das persönliche Ich seines Gegners. Zugleich aber wird sein wahres Ich angesprochen und berührt — so wie schon jeder, der mit einem Großen in Berührung kommt, von dessen Kraft berührt und angeregt wird, sich zu läutern. Vor dem Schwert des Meisters versagt das Schwert des listigen Ränkeschmieds. Kein Kunstgriff hilft, man muß kapitulieren, und der Geschlagene erkennt, daß nicht nur seine äußere Kunst nichts taugt, sondern daß er sich vor allem um das »Schwert des wahren Ichs« zu bemühen hätte. So wird das tötende Schwert zum belebenden Schwert. Es erweckt zum »Schleifen« des Selbstes. Das tötende Schwert des Meisters ist das Schwert der Vernichtung des Unrechten und des Offenbarwerdenlassens des Rechten.

Handeln aus dem persönlichen Ich ist von Handeln aus dem wahren Ich qualitativ unterschieden. Jenes ist künstlich vorbestimmt, dieses ein natürliches »Auswirken«. So gibt es auch in der Übung des Kendo zwei Arten von Handeln: Das vom Bewußtsein vorbestimmte und geleitete und das unvermittelte, ohne Inanspruchnahme des Bewußtseins sich auswirkende, natürlich hervorbrechende Handeln. Letzteres hat etwas Gemeinsames mit dem Großen Wirken des Alls. Den gleichen Unterschied gibt es, wo es um das religiöse Heil geht. Es ist etwas Künstliches, wenn man sich mit dem Bewußtsein des persönlichen Ichs den Kopf darüber zerbricht, wie man zum Heil gelangen könnte. Etwas ganz anderes ist das Voranschreiten aus religiösem Ergriffensein, zu dem der Glaubende durch die Macht des Absoluten hingerissen wird.

Rechtes Handeln ist Handeln »ohne zu tun« *(musa)*. Nicht, als sei das kein Handeln. »Musa« sagt Takuan, »bedeutet, daß man im Handeln des täglichen Lebens eigentlich nicht handelt«. Aber dieses Musa ist recht verstanden gerade das Große Handeln. Es ist Handeln nicht im Sinne eines bewußten sich Vorantreibens, sondern qualitativ umgewandeltes, natürlich-gesetzmäßiges und ganz unmittelbares Tun. Es ist Handeln — aber absolutes Handeln! Es ist eine zwangsläufig-naturhaft hervorbrechende große Weise des Tuns und in diesem Sinne kein Tun. Man kann auch sagen, das eine ist das befangene, das andere das unbefangene Handeln. Befangen ist das Handeln derer, in denen ihre Vergangenheit nachwirkt. Unbefangen ist das Handeln derer, die in jedem Augenblick ihre Vergangenheit aufheben und so ganz und gar im Augenblick drin sind und eben dadurch die Gegenwart beherrschen. (Wo das persönliche Ich verschwindet, verschwindet die an ihm haftende Zeit. Wo das wahre Ich aufgeht, ist der Mensch über der Zeit und so, in jedem Augenblick ganz unbefangen auch im Augenblick drin.)

Man spricht bisweilen von der notwendigen Neuordnung aller Dinge. Wo Menschen in ihrem persönlichen Ich und der ihm anhaftenden Zeit befangen sind, wird daraus immer wieder eine »alte« Ordnung. Neue Ordnung im wahren Sinne ist eine Ordnung, die stündlich neu wird.

Nur wo die stündlich neuwerdende Ordnung zugelassen wird, kann es das freie, unbefangene Handeln geben. Der, dem aus dem Ich Zeit und Vergangenheit anhaftet, ist zu solchem Handeln nicht fähig. Er kann nichts sehen wie es ist, weil er alles durch seine Ich-Brille sieht. Das meint auch das Zenwort: »Zuisho ni shu to naru« (Man sei Herr, wo immer man ist und dem Orte gemäß). Takuan erläutert das so: »Lege einen Spiegel hin. Jedes Ding, das vor dem Spiegel ist, spiegelt sich darin, ganz wie es ist. Nur weil der Spiegel kein Bewußtsein hat, spiegelt er in sich jede Gestalt genau so wider, wie sie ist. Da ist kein Bewußtsein, das dieses oder jenes unterscheidet. Genau so ist auch der Meister der Kunst des Kämpfens. Er ist dem reinen Spiegel seiner Seele erschlossen, der von keinem Stäubchen jenes Bewußtseins getrübt ist, das dieses und jenes, gut und böse sondert und unterscheidet — und doch »sieht« er mit seiner spiegelklaren Seele sehr wohl »dieses« und »jenes«, »gut« und »böse« —, aber sieht es, ohne es sehen zu müssen.

Wo der Spiegel der Seele bewußtseinslos und rein, klar und frei ist von jedem Pünktchen einer trübenden Voreingenommenheit, spiegeln sich in ihm alle Dinge des Himmels und der Erde wider, so wie sie sind. Der Mensch, in dem dieser Spiegel aufging, ist immer ganz von selber zur rechten Zeit und in der rechten Weise da, ohne sich an dieses oder jenes, an gut oder böse, an aus oder ein, auf oder nieder oder an welche Unterschiede auch immer zu »halten«. Nur so auch kommt es zu dem »natürlichen«, und doch allem nur möglichen wandelgemäßen wunderbaren Handeln — zum Handeln ohne zu handeln — in der Kunst des Kämpfens und in aller Kunst des Lebens also überall dort, wo es sich um die Bewährung der Lehre Buddhas handelt.

Takuan sagt: »Man soll Gut und Böse sehen können, ohne es zu sehen. Man soll genau unterscheiden können, ohne zu unterscheiden. Man soll den Fuß auf das Wasser setzen können, genau so wie auf die Erde und ihn auf die Erde setzen, genau so wie auf das Wasser. Wer das kann, dem ist niemand gewachsen. Aber zu solcher Stufe gelangen, vermag nur, wer beim Gehen und Stehen, beim Sitzen und Liegen, beim Sprechen und Schweigen, beim Teetrinken und Essen keinen Augenblick ungenützt läßt, sich zu läutern, und sich unausgesetzt müht, das Wesentliche im Auge zu halten, es unverwandt kreuz und quer zu ergründen und es unmittelbar zu erschauen. Und wenn einem dann nach Monaten oder Jahren einmal zumute wird, als ob mit einem Male im Dunkeln ein Licht aufblitze — so hat man endlich etwas von der Weisheit ergriffen, die kein Lehrer vermittelt und gelangt dazu, die wunderbare Wirkung des Nichtwirkens zu bekunden. Der Meister der Kunst des Kämpfens hat, wenn sich in ihm der Spiegel der Seele aufgetan, in sich keinen Hauch des Bewußtseins, das dieses und jenes unterscheidet. Weil aber der Spiegel seiner Seele so klar ist, sieht er doch alles — ohne es zu ‚sehen'.«

Die Weisheit, die kein Meister mehr vermittelt, zu ergreifen und das wunderbare Wirken des Nichtwirkens zu entfalten, das ist, was Takuan mit »Taia«, mit dem »wunderbaren Schwert« meint. Er sagt: »Wenn einer immer in dieser Weise handelt, so erhebt er sich über die Grenzen des Gewöhnlichen, ohne sie zu überschreiten! Das heißt Taia, dieses »ausgezeichnete Schwert«, ist im Grunde jedem Menschen zu eigen und reift in jedem Individuum heran. Aber erst, wenn man es in seine Klarheit erhebt, fürchtet sich selbst der Dämon des Himmels vor einem. Wenn man das aber aus dem Dünkel seines Ich-Selbstes versäumt, wird man von den niedersten Wesen überspielt.«. Das wunderbare Schwert ist uns also allen eingeboren, ist in jedem von uns da, jedem in seiner Vollkommenheit eigen, ihm ursprünglich vom Himmel verliehen. Aber wir wissen es nicht, daß unsere Natur mit diesem edlen Juwel gesegnet ist, suchen umsonst, machen uns von anderen abhängig, verdunkeln das Juwel in unserer Seele und verfallen einem Leben, in dem uns schon die niedersten Wesen betrügen.

Die im Kendo gelehrten »Kunstgriffe« sind in sich selber nichts als tote Dinge. Um zu lebendigen Dingen zu werden und sich zum Wirken der eigentlichen Kraft entfalten zu können, müssen sie sich erst zu der »großen Kunst« verwandeln, die zwar im »äußeren Unterricht« angeregt wird und sich bildet, die aber im Grunde unseres Wesens schon da ist. Diese Kunst vermag letztlich auch der Meister nicht zu »vermitteln«. Sie muß über alle seine Lehren hinaus im »eigenen Herzen« erkannt und ergriffen werden.

Wem einmal das über Tod und Leben wunderbar frei verfügende, das Unrechte vernichtende und das Recht offenbarmachende Schwert aufgegangen ist, in dem wird das selbstsüchtige kleine Ich von selbst zum toten Ding und toten Mann und zergeht. Zugleich erhebt sich ganz von selbst das vom Himmel gegebene wahre Ich und tut sich kund. Da tut sich »die Landschaft der Seele« auf, zu der der gewöhnliche Mensch beim Anblick eines Meisters, von dessen Würde und Tugend berührt, zu seinem Wesen erweckt und zum Höheren emporgehoben wird. Doch wie ist es, wenn Meister und Meister die Schwerter kreuzen? Über solche »Landschaft« sagt Takuan: »Wenn ein »Jozu« (Geübter mit einem Jozu die Schwertspitze kreuzt und es nicht mehr um Sieg und Niederlage geht, so erinnert das an die Überlieferung, daß Kasho Bodhisattwa lächelte, als Buddha in seiner Predigtstunde eine Blume zwischen den Fingern hielt«. — Ein tiefer Sinn liegt in diesem Vergleich einer Begegnung zweier Meister des Schwertes mit dem Zueinander von Kashos Lächeln und der Blume, die Buddha wortlos in seinen Fingern drehte. Die Begebenheit, um die es sich handelt, war die folgende: Als Bhagavad Shakyamuni einmal auf dem Berg Reishu den vor ihm Versammelten wortlos einen Blütenzweig hinhielt, den er zwischen den Fingern hielt, konnte niemand verstehen, was er wohl damit meinte. So blieb es ganz still, niemand sprach etwas oder wußte, was da zu tun. Kasho allein verstand, was der Meister meinte und lächelte. Buddha aber freute sich, daß der Sinn, der weder in Worten noch in einer »Lehre«, sondern nur unmittelbar, d. h. von Seele zu Seele mitteilbar war, dem Kasho hatte vermittelt werden können. — So also dürfte, nach Takuan, das Wesen einer Begegnung zwischen zwei Meistern dem gewöhnlichen Menschen kaum zugänglich sein, sondern wiederum nur Meistern »von Seele zu Seele« erkennbar sein. Was sich da vollzieht und gemeint wird, entzieht sich aller Beschreibung und bleibt allen verschlossen, die nicht selbst, nach langer Übung, Meister geworden sind. Die Welt der Meister kann von weniger Geübten höchstens geahnt werden.

Auf den Handtüchern, die den Mitgliedern der Kendoabteilung der kaiserlichen Universität in Tokyo ausgehändigt werden, steht das Motto: »Spiele auf dem Weg«. Die Schriftzeichen stammen von der Hand des Meisters Kinoshita. Er war noch am Leben und als Meister des Kendo tätig, als ich als Student Mitglied der Kendoabteilung war. Der Sinn des Satzes weist in die gleiche Richtung, auf die Takuan zielt, wenn er zur Kennzeichnung der Begegnung zweier Meister an Kashos Lächeln erinnert. Miyamoto Musashi, der große Meister des Schwertes, nannte sich selbst Niten-Doraku, was wörtlich »Liebhaber in zwei Himmeln« bedeutet. Das Wort »Doraku« (wörtlich: Weg-Genuß) mag wohl die Gemütsverfassung andeuten, die er als Meister besaß. Diese Stufe des »Spielens auf dem Wege«, dieser Gemütszustand des Weg-Genusses, heißt im Buddhismus auch Horaku (Dharmagenuß) oder Yugesammai (Samadhi des Spieles). Die Kunst des Meisters ist über alles absichtsvolle Wollen und alles mühevolle Streben hinaus. Sie ist zu einem natürlichen Genusse geworden. So ist auch das Kreuzen der Klingen zwischen Meistern kein »Kampf« mehr. Hier sind dann zwei Menschen in einem Reich ineinander verschmolzen, in das sie beide eingegangen sind. Zwei Menschen stehen sich gegenüber. Aber eigentlich sind es »Nicht-Zwei«, denn da ist kein »Selbst« und kein »Anderer«. (Jitafuni = Selbst-Anderer-Nicht-Zwei.) Die zwei Meister sind in der Bewegung nur zwei Wirkensweisen eines Wesens. Sie verkörpern das wunderbare Bild, der sich für alle Zeiten im Samadhi ihres Spieles befindlichen unwandelbaren großen Wahrheit des Alls und sie offenbaren darin die Stufe des natürlichen Dharmagenusses. Die Wahrheit, die sich sichtbarlich ausdrückt und sich selber genießt — das ist die Sphäre, in der Meister sich bewegen, wenn sie ihre Klingen kreuzen.

Übende streben danach, Meister zu werden und schon als Übende müssen sie den Geschmack des »Spieles auf dem Wege«, den Weg-Genuß, den Dharmagenuß, das Samadhi des Spieles im Sinn haben. Gewiß müssen sie sich noch unter Aufbietung aller Kräfte anstrengen und selbst dann noch die Versuchung zum Nachlassen überwinden, wo sie der Sache überdrüssig werden oder gar Ekel sie ergreift. Solange sie aber nur durch ihren Fleiß und ihre Anstrengung auf dem Wege gehalten werden, zeugt das davon, daß der »Weg« ihnen noch nicht zu eigen geworden ist.

Wird der Weg ihnen zu eigen, dann gesellt sich zur Anstrengung auch der Weg-Genuß, und das kann dann als Vorzeichen großen Erreichens gedeutet werden. Wird der Weg zur inneren Notwendigkeit, dann ist die Stufe des Meisters erreicht, und alles ist Horaku.

Der gewöhnliche Mensch kann die Welt des Ungewöhnlichen nicht fassen. Schon einen klugen Menschen unter den Gewöhnlichen betrachtet er als einen Ungewöhnlichen. Aber wie klug auch ein gewöhnlicher Mensch sein mag, er überschreitet die Grenzen des Gewöhnlichen nicht. Takuan erklärt das Gewöhnliche und das Außerordentliche folgendermaßen: »Wer schon über drei Dinge klar sein kann, dem man nur ein Ding gezeigt hat, und wer einen Haufen von Münzen auf einen Schlag zu schätzen vermag, ist ein kluger Mensch unter gewöhnlichen. Wer aber ‚die Sache' (Satori, d. h. die Erleuchtung) hat, kann alles mit einem Schlag in drei Stücke schneiden, ehe ihm das Ding erst gezeigt und er sich daran über drei Dinge klar werden kann. Wieviel leichter kann so ein Mensch mit einem anderen, der ihm gegenübersteht, fertig werden. Er zeigt nicht einmal die Spitze eines Schwertes. Er handelt schneller als der Blitz und so schnell, daß selbst der Sturmwind ihn nicht einzuholen vermag.«

Miyamoto Musashi erzählt: »Ich habe mich von Jugend auf der Kunst des Schwertes gewidmet. Als ich dreizehn Jahre alt war, bestand ich meinen ersten Kampf, indem ich einen Künstler im Fach, namens Kihei Arima aus der Shintoschule besiegte. Im Alter von 16 Jahren besiegte ich einen starken Fechter namens Akiyama aus der Provinz Tajima. Nachdem ich im Alter von 21 in die Hauptstadt gegangen war, kämpfte ich dort mehrere Male mit anerkannten Fechtern und wurde von keinem geschlagen. Später traf ich in verschiedenen Provinzen auf Fechter aller Schulen und wurde über 60 mal Sieger ohne jemals besiegt worden zu sein. Als ich über 30 Jahre alt war und auf meine bisherigen Kämpfe zurückschaute, entdeckte ich erst, daß meine Siege gar nicht auf eine gründliche Erlernung der Kunst zurückzuführen waren. Ich wußte nicht, ob ich unbewußt das dem Großen Wege gemäße Wirken besaß, das dem natürlichen Gesetz des Himmels entspricht, oder ob ich gesiegt hatte, nur weil die, gegen die ich gekämpft hatte, Mängel besessen hatten. So übte ich weiter von morgens bis abends, um mir die Große Wahrheit einzuverleiben. Als ich dann endlich dem Großen Weg der Kunst zu entsprechen anfing, war ich 50 Jahre geworden.«

So wie Musashi waren auch andere große Könner nicht damit zufrieden, im Kampfe zu siegen — solange der Sieg keine innere Notwendigkeit war. Wer konnte versichern, daß Musashi, der bis zum 60. Male niemals unterlegen war, auch zum 70. Male noch den Kampf gewinnen würde? Das Ziel des Fechters liegt im Außerordentlichen, das über die Überlegenheit im gewöhnlichen hinausgeht. Es ist die Stufe des Erleuchteten, des »Außerordentlichen«, auf die Musashis Worte hinweisen: »Als ich dem Großen Weg der Kunst zu entsprechen anfing, war ich 50 Jahre alt geworden«.

Takuan erklärt das Wesen des außerordentlichen Schwertes mit den Worten: »Wer diese Stufe hinter sich hat, kann alles sofort in drei Stücke schneiden, ehe ein Ding ihm gezeigt und er sich erst über drei Dinge klar wird.« Bas Bild, »eine Summe Münzen mit dem bloßen Auge schätzen zu können«, bezieht sich auf das gewöhnliche Schwert. Das ist das Schwert des scharf unterscheidenden Verstandes, der auf Grund eines Vorgegebenen in Aktion tritt — das außerordentliche Schwert aber ist das Schwert, das ohne Wirken des Verstandes handelt.

Wenn wir einen Knaben in der Fechtkunst üben, können wir, schon ehe er wirklich losschlägt, merken, worauf er zielt und was er denkt. Gleichviel, ob er auf uneren Vorderarm oder auf unser Gesicht oder unseren Rumpf zielt, alles spiegelt sich deutlich ab. Das bedeutet aber keineswegs, daß wir schon das Schwert, das »alles sofort in drei Stücke zu schlagen vermag«, besitzen. Wir fassen alles nur auf Grund der »Vor-Zeichen«, die er uns darbietet, auf. Die Stufe, die, ohne irgend der Vorzeichen zu bedürfen, sieht ohne zu sehen, siegt auch ohne zu kämpfen. Sie tritt erst ein, wo wir und der andere e i n s werden. Erst wo das der Fall, können wir auch den »anderen«, das »Gegenüber« (das kein Gegenüber mehr ist), ohne Vor-Zeichen erkennen.

Worte und Wendungen wie: »Alle Dinge in der Welt sind eines Wesens«, das »wahre Ich«, die »völlige Ichlosigkeit«, »Wirken ohne zu wirken«, »Tod und Leben in der Gewalt haben«, u. s. f. kennzeichnen alle das Gleiche, nämlich die hohe Stufe des Schwertes Taia. — Wie ist sie zu erlangen? Nicht auf dem Wege des Verstandes, sondern nur durch eine innere Tat und auf dem Wege langer Übung. Die hohe Stufe ist nicht mit Worten zu beschreiben, nicht nach Gesetzen und Regeln zu fassen. Sie ist eine Wahrheit, die außerhalb aller Regeln steht und nach einer Übung von vielen Jahren sich selber mitteilt. Für das große Wirken selbst gibt es keine Regel mehr.

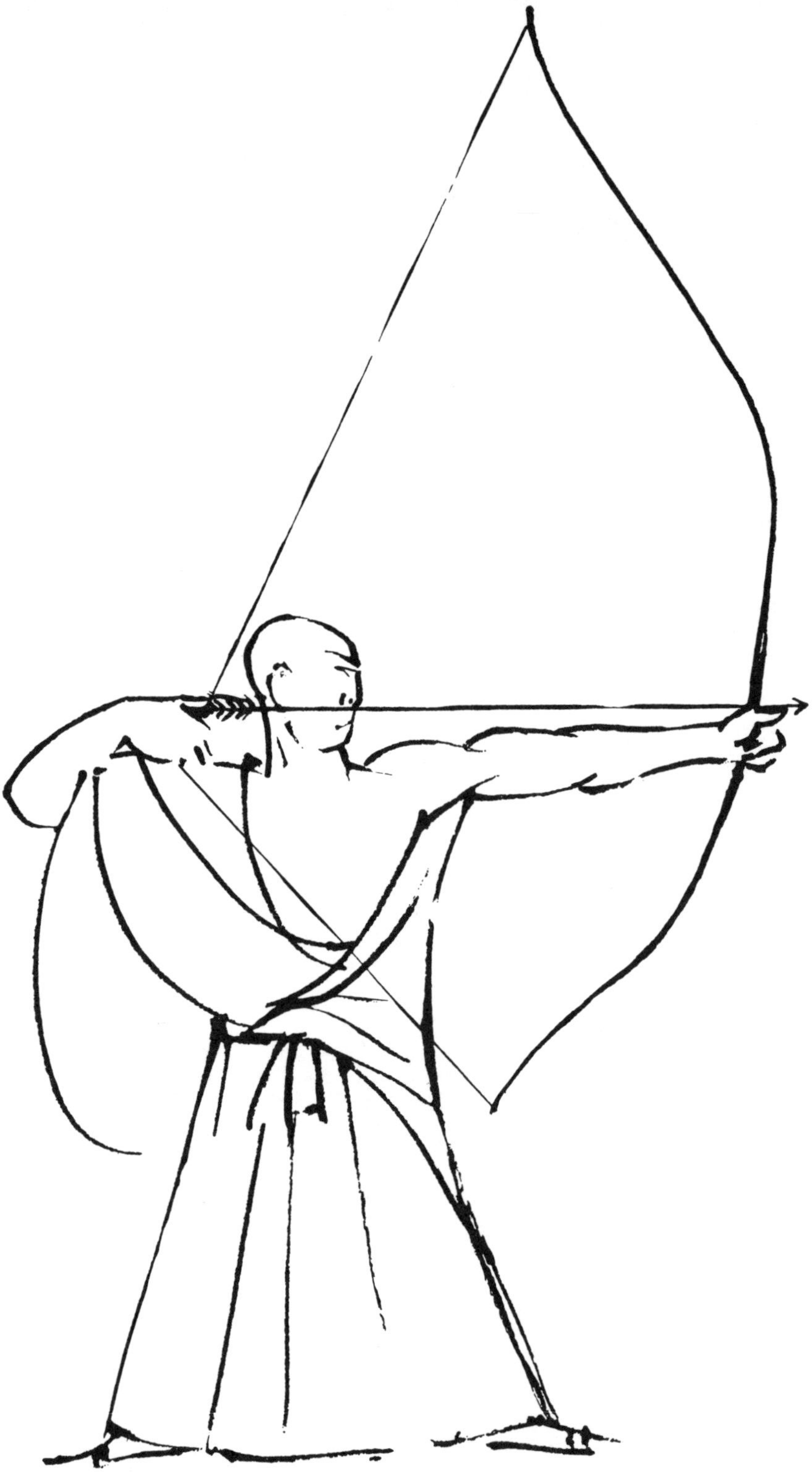

# *DAS TAO DER TECHNIK*

*Ein Text des Bogenmeisters Kenran Umeji,*
*übersetzt aus dem Japanischen von Fumio Hashimoto.*

Das Aufgehenlassen von Tao ist allein auf dem aller Beschreibung spottenden Wege: »Von Herz zu Herz« möglich. Diesen Weg zu bewähren, gibt es der praktischen Mittel viele. Und doch sind sie — in der rechten Weise verwandt und geübt — alle Verwirklichungsformen des Tao. Es gibt ein »Tao der Technik«. Die zur rechten Haltung vollendete Technik einer Übung *(gyo)* ist in sich selbst eine Bekundung von Tao. Im Tao der Technik ist die Technik selbst Tao und Tao die Technik. Also Technik = Tao und Tao = Technik.

Um in der Übung des Bogenschießens in Besitz und Genuß des Tao zu gelangen, muß man zu seinem von allem Gemachten und Gewußten freien und reinen Wesen streben. Man muß ferner lernen, das Zulassen der gleich einem unendlichen Quell ewig sprudelnden »Großen Wahrheit« zu beherrschen und muß endlich dazu gelangen, auf dem Grunde der rechten »Einsicht«, das Tao in der rechten Haltung zu bewähren. Das ist ein sehr »leichter« und unmittelbarer Weg. Aber das Schwerste für alle ist: Im Schießen das eigenwillige, sich eigenständig dünkende Ich restlos s t e r b e n zu lassen.

Das »restlose Sterben«, das hier gemeint ist, ist nicht jener unnütze »Tod«, den man in der Form einer psychophysischen Agonie erleidet, wo man sich durch gewaltsames Spannen und Halten des Bogens im Überschreiten der Kräfte bis zum Zusammenbruch erschöpft. Das »restlose Sterben des Selbstes« ist, recht verstanden, vielmehr jener Tod, der einen in die Freiheit von Leben und Tod stellt, über Leben und Tod hinaushebt und einen dazu bringt, sein wahres Herz, sein eigentliches »Wesen« zu entdecken und in jenem unendlichen Leben aufzugehen, das jenseits von Leben und Tod ist. Es geht um das Sterben desjenigen Ichs, das im Widerspruch zum Absoluten wie zum Relativen befangen ist.

Um das restlose Sterben des Selbstes möglich zu machen, muß man sich in unverdrossener Übung um die rechte Haltung bemühen — unter Anleitung und Führung eines Meisters, der sie selber besitzt und bekundet. Der erste Schritt besteht darin, sich in langer Übung die richtige Gestalt des ganzen Gezüges des Schießvorganges zu eigen zu machen, bis er in seiner natürlichen Gesetzlichkeit so beherrscht wird, daß jede falsche Spannung, jede Ungelöstheit, jeder Krampf verschwindet. Das Zweite ist, zu lernen, von allen Bindungen und Trübungen des Herzens frei zu werden und so rein zu werden wie ein Kind. Dann tritt mit einem Male die jenseits von allem gegenständlichen Bewußtsein liegende Kerngestalt des Schießens in die Klarheit des Inneseins, und die diese Gestalt in Reinheit spiegelnde »Form« des Schießens tritt absichtslos, ohne Suchen und Bemühung, wie von selber hervor.

Der Wege zur Reinheit, die die Voraussetzung für das Gewinnen und Aufgehen des »GyoTaos« ist, sind zweierlei:

1) Man lernt, sich so über alles intentionale Bewußtsein und alle Schwankungen des Gemütes zu erheben, daß man, freigeworden zum Erhorchen des eigenen Herzensgrundes, endlich die Stimme des wahren Herzens, d. i. des das Tao suchenden Wesens vernimmt.

2) Man geht den Weg des gegenständlichen, intentionalen Bewußtseins bis zur Erschöpfung, um dann im Zerbrechen an der Grenze in die Bewegung des unendlichen Weiterschreitens zu münden.

Wer auf einem dieser Wege zum Ziele kommt, ist von der Künstlichkeit des eigenen »Machens« frei geworden und rein. Die vollkommene

Reinheit ist selbst nichts anderes als das aufgegangene Tao. In ihr wird die große Wahrheit zugleich »gefaßt« und offenbar. Ein alter Heiliger hat einmal gesagt: »Reinheit oder Unreinheit, das ist gleichbedeutend mit Erreichthaben oder Nicht-Haben des Taos. Wer das Tao sucht, kann immer nur durch R e i n h e i t zu ihm gelangen.«

In jeder Übung muß man, vom ersten Schritt an, alles daran setzen, die Unreinheit zu überwinden. Was aber ist Unreinheit? Unreinheit ist jede Bezogenheit auf das Ich und jede Bindung durch das Ich. Weil der Mensch meist mit Unreinheit (Eigenwillen, Erfolgssucht und Ehrgeiz) an eine Übung herangeht, kommt er nicht von dem Dualismus von Recht und Unrecht, Gut und Böse, Sein und Nicht-Sein los und bleibt in Verirrung, Zweifel und Ungläubigkeit befangen. Solange sich eine Ich-Meinung »von der Sache« in den Vordergrund schiebt, gelangt er nicht zur rechten Haltung. Auch wenn er die rechte Haltung schon in sich »vernimmt« und einsieht, kann er sie doch beim besten Willen nicht bewähren. Im entscheidenden Augenblick kommt er von einer Ichhaltung nicht los und bleibt in dem erbärmlichen Zustand hängen, sich nicht bessern zu können, obwohl er weiß, daß er in der Fehlhaltung ist. Wem es so ergeht, der kann nicht ins Tao eingehen, so fleißig er sich auch bemüht. Er vermag es erst dann, wenn ihm die große Herzenswendung gelingt, durch die er rein wird. Bis dahin ist für ihn auch der Weg der Vermittlung des Tao »von Herz zu Herz« verstellt. Er ist ein Mensch, der noch »außerhalb des Tao« steht.

Was heißt im Gang einer Übung »innerhalb« und »außerhalb« des Tao stehen? Es gibt drei Klassen von Übenden:

Es gibt die Menschen die ganz außerhalb des Tao stehen. Sie streben danach, suchen es aber gerade dort, wo es nicht zu finden ist. Sie fühlen wohl das Unrechte in ihrer Haltung, sind auch von der rechten Haltung des anderen überzeugt und mühen sich, zu ihr zu gelangen. Aber sie hängen so in ihrer unrechten Haltung, daß sie im Grunde doch nicht wissen, was eigentlich das Rechte und was das Unrechte ist — obwohl es so aussieht, als wüßten sie es. Darum können sie auch nicht zur rechten Haltung verwandeln, was sie als die unrechte erkennen, und können die unrechte Haltung nicht aufgeben, auch wo sie die rechte erkennen. So kommen sie aus ihrem Konflikt zwischen recht und unrecht, gut und böse nicht heraus. Ab und zu mögen sie einmal in die rechte Geisteshaltung geraten und so auch in die rechte Ruhe und Sammlung kommen. Dann sind sie sich für einen Augenblick über die rechte Haltung im klaren. Aber dann sind sie es auch schon nicht mehr, und schon wieder setzt der Zwiestreit zwischen Gut und Böse, zwischen dem Rechten und Unrechten ein. Das kann man den Irrgang im Widerstreit der Gegensätze oder die »dualistische Verirrung« nennen. Wer darin befangen ist, steht noch außerhalb des Tao und der Weg von »Herz zu Herz« ist für ihn verschlossen.

Es gibt andere, die stehen schon innerhalb des Tao. Das sind auch die, in denen, wenn sie sich in der rechten Weise mühen, Tao unfehlbar einmal aufgeht. Aber sie verirren sich zu Anfang innerhalb ihres Standes im Tao.

Unter diesen Menschen gibt es solche, die wissen wirklich um die rechte Haltung und sind auch in der rechten Weise bemüht, sich von der unrechten zu befreien. Aber es fällt ihnen schwer, die rechte Haltung zu bewähren. Und wenn sie sie dann einmal durch unablässiges Üben erreichen, dann halten sie inne, bleiben stehen und kommen keinen Schritt mehr voran. Ja, ohne zu bemerken, fallen sie, im Stehenbleiben, in die unrechte Haltung zurück. Dann aber fühlen sie es, beginnen von neuem und schreiten fort . . .

Unter denen, die innerhalb des Tao stehen, gibt es andere, bei denen das Bewußtsein der rechten Haltung diese ohne weiteres wirklich werden läßt. Solche Menschen werden vom Unrechten frei und bewähren das Rechte, sowie sie das Unrechte einsehen. Ganz gleich, ob die Erkenntnis der rechten Haltung in ihnen selber aufsteigt oder ihnen durch die Vermittlung eines anderen kommt — in dem Augenblick, in dem sie ihnen aufgeht, »fallen« sie wie von selbst geistig und körperlich in die rechte Haltung und vermögen sie auch zu bewähren. Auch diese Menschen können sich unterwegs einmal verirren. Aber sie bleiben niemals stehen, sondern sind immer im Fortschreiten. Es gibt für sie nur noch den Weg, der nach oben führt, und Schritt für Schritt kommen sie voran.

Einmal müssen beide zur Erleuchtung kommen, denn auf dem Wege zu ihr stehen sie beide nie stille. Bei beiden handelt es sich immer nur um »Verirrungen innerhalb ihres Standes im Tao«, um Verirrungen »im Rahmen der Einsichtigkeit«. Das aber ist so gut wie keine Verirrung. Und hier auch gibt es das »Geben und Nehmen von Herz zu Herz«.

Endlich gibt es die Stufe, auf der jeder Gedanke, jede Handlung und Haltung, alles Tun und alles Lassen Tao bekundet. Das ist die Stufe der Meisterschaft.

Was wir als »Menschen, die außerhalb des Tao stehen« beschrieben, kennzeichnet die unterste Stufe in der Übung des Bogenschießens. Es ist die Stufe des »Bogenschießen-Lernens«. Bei den anderen Stufen ist immer schon mehr da als ein »Lernen«. Aus dem zielbewußten Schießen des Lernenden ist die unbewußte Schieß-Tat geworden, das ist das Sich-Tätigen des Tao im Medium des Schießens.

Der Prozeß der Ausbildung steht unter dem Gesetz des Lebens. (Das Fortschreiten in der Übung führt über die Beherrschung der äußeren Technik in den Besitz der »eigentlichen Technik«; über die Gewinnung der äußeren Form zum Aufgehen jener inneren Form, die jenseits aller Formen ist; über das Erfüllen äußerer Gesetzlichkeiten zum Erfülltsein vom Großen Gesetz; über den besonderen Weg zu d e m Weg.) Der entscheidende Fortschritt ist aber keine Frage der Zeit, sondern hängt allein davon ab, »wo das Herz liegt«. (Er hängt ab von der »Großen Wendung«.) Man kann mit einem Schlage zur Stufe der Erleuchtung gelangen. Das Gewinnen der Stufe der »Großen Einsicht« ist also im Grunde doch keine stufenweise Entwicklung, sondern Sache einer Augenblickserleuchtung.

Das Bogenschießen ist ein Weg zum Aufgehenlassen des Tao. Es ist eine Weise d e s Weges. Die Gewinnung des Tao durch die Übung des Bogenschießens ist der Weg über die rechte Haltung des Schießenden. Er erreicht die rechte Haltung nur durch sein Sterben zur Reinheit. Nur wenn sein Welt-Ich restlos stirbt, vermag er zur rechten Erleuchtung und zum wahren Sinn des »Technik-Tao« zu gelangen und in der Bewährung der Großen Einsicht Tao »im rechten Gebrauch der großen Weisheit« zu offenbaren. Tao ist im Grunde nichts anderes als die Große Reinheit. Sie aber bedeutet das Gleiche wie die Große Weisheit, die das ganze Universum in sich trägt. Im Grunde aber sind das wahre Herz eines Tao-Menschen, d. h. eines Menschen, der Tao ohne jede Bemühung bewährt und bekundet, und das wahre Herz eines Suchenden b e i d e nichts anderes als eine Weise der Großen Reinheit, ja diese selbst — nur ist sie beim Suchenden noch unentwickelt, getrübt und verstellt, beim Erleuchteten ungetrübt offenbar.

So ist auch das Verhältnis von Schüler und Meister. Unerwartet und ganz unvermutet kann das, was vom Meister ausgeht und auch im Schüler ans Licht will, zusammenschlagen und das, was in beiden ist, »aufgehen«, und dann sind das Herz des Meisters und das des Schülers mit einem Schlage »eins«. Das nennt man den Weg »von Herz zu Herz« — und darum auch kann Tao dem anderen nur »vermittelt« werden, weil er es im Grunde schon »hat«.

Meister und Schüler in aller Welt, besinnt Euch darauf, ob Ihr innerhalb des Tao steht oder nicht!

# *DIE WUNDERBARE KUNST EINER KATZE*

*Von Zen-Meister Ito Tenzaa Chuya*

*Übungsanweisung einer altjapanischen Fechtschule, übersetzt aus dem Japanischen von Takeharu Teramoto und Fumio Hashimoto, bearbeitet von Graf Dürckheim*[1])

Es war einmal ein Fechtmeister namens Shoken. In seinem Hause trieb eine große Ratte ihr Unwesen. Selbst am hellen Tage lief sie herum. Da machte der Hausherr einmal das Zimmer zu und gab der Hauskatze Gelegenheit, die Ratte zu fangen. Die aber sprang der Katze ins Gesicht und biß sie so, daß sie laut schreiend davonlief. So also ging es nicht. Und so brachte der Hausherr einige Katzen herbei, die in der Nachbarschaft einen tüchtigen Ruf genossen und ließ sie in das Zimmer hinein. Die Ratte kauerte in einer Ecke, und sowie eine Katze ihr nahte, sprang sie sie an, biß sie und schlug sie in die Flucht. So ungestüm sah die Ratte aus, daß die Katzen alle zögerten, sich noch einmal heranzuwagen. Da wurde der Hausherr zornig und lief selber der Ratte nach, um sie zu töten. Sie aber entschlüpfte jedem Hieb des erfahrenen Fechtmeisters, und er konnte sie nicht erwischen. Er schlug dabei Türen, *Shojis*, *Karakamis* u. a. entzwei. Aber die Ratte huschte durch die Luft — schnell wie ein fahrender Blitz, entging jeder seiner Bewegungen und sprang ihm ins Gesicht und biß ihn. In Schweiß gebadet rief er schließlich seinem Diener zu: »Man sagt, sechs bis sieben Cho von hier sei eine Katze, die die tüchtigste in der Welt sei. Geh und hole sie her.« Der Diener

---

[1]) *Diesen Text verdanke ich meinem Lehrer im Zen, Takeharu Teramoto. Teramoto, Admiral a. D. und Professor an der Marineakademie in Tokyo, hatte als seine Übung (Gyo) das Schwertfechten. Sein Meister war der letzte Meister einer Fechtschule, in der seit Anfang des 17. Jahrhunderts die Geschichte der 5 Katzen als geheime Übungsanweisung von Meister zu Meister gereicht und schließlich ihm von seinem Meister überlassen wurde.*

brachte die Katze. Sie schien sich nicht viel von den anderen Katzen zu unterscheiden, sah weder besonders klug, noch besonders scharf aus. So traute der Fechtmeister ihr auch nichts Besonderes zu, aber er machte die Tür etwas auf und ließ sie hinein. Ganz ruhig und langsam ging die Katze hinein, so als erwarte sie gar nichts Besonderes. Aber die Ratte fuhr zusammen und rührte sich nicht. Und die Katze ging ganz einfach und langsam auf sie zu und brachte sie im Maul heraus.

Am Abend versammelten sich in Shokens Haus die geschlagenen Katzen, baten respektvoll die alte Katze auf den Ehrensitz, knieten vor ihr nieder und sagten bescheiden: »Wir alle gelten als tüchtig. Wir alle haben uns auf diesem Wege geübt und uns die Klauen geschärft, um damit jede Art von Ratten, ja sogar Wiesel und Ottern besiegen zu können. Wir hätten niemals gedacht, daß es eine so starke Ratte geben könnte. Aber mit was für einer Kunst habt Ihr sie so leicht besiegt? Machet doch kein Geheimnis aus Eurer Kunst und erzählt uns doch Euer Geheimnis!« Da lachte die Alte und sprach: »Ihr jungen Katzen, Ihr seid zwar ganz tüchtig. Aber Ihr wißt im rechten Weg nicht Bescheid. So verfehlt Ihr, wenn etwas Unerahntes Euch begegnet, den Erfolg. Doch erzählt erst Ihr mir, wie Ihr Euch geübt habt.«

Da rückte eine schwarze Katze heran und sagte: »Ich stamme aus einem Haus, das für den Rattenfang berühmt ist. So entschloß auch ich mich zu diesem Weg. Ich kann Wandschirme von zwei Meter Höhe überspringen. Ich kann mich durch ein winziges Loch zwängen, durch das sonst nur eine Ratte durchkommt. Von Kind auf habe ich alle akrobatischen Künste geübt. Auch wenn ich beim Aufwachen aus dem Schlaf noch nicht ganz da bin, eben dabei, mich wiederzufinden und sehe da eine Ratte über den Balken laufen — schon habe ich sie. Die Ratte von heute aber war stärker und ich habe die furchtbarste Niederlage erfahren, die ich in meinem Leben jemals zu erleiden gehabt. Ich bin beschämt.« — Da sagte die Alte: »Worin Du Dich da geübt hast, ist eben nichts als nur Technik! (*shosa* — die reine physische Kunst.) Dein Geist ist aber besetzt mit der Frage: Wie gewinnen? So haftest Du ja noch am Zielen! Wenn die Alten ‚Technik' lehrten, so taten sie es, um damit eine W e i s e d e s W e g e s (*michisuji*) zu zeigen. Ihre Technik war einfach, beschloß jedoch die höchste Wahrheit in sich. Die Nachwelt aber beschäftigt sich nur noch mit Technik. Dabei erfand man zwar vieles, so nach dem Rezept: ‚Wenn man d i e s und d a s übt, dann kommt dies und jenes dabei heraus'. Was aber kommt dabei heraus? Nichts als eine

Geschicklichkeit. Unter Preisgabe des überlieferten Weges entstand so unter Aufbietung von viel Klugheit der Wettbewerb in Technik bis zur Erschöpfung, und nun kommt man nicht weiter. Das ist immer so, wenn man an Technik und Erfolg denkt und dabei ausschließlich die Klugheit betätigt. Zwar ist die Klugheit eine Funktion des Geistes, wenn sie aber nicht auf dem W e g fußt und allein auf Geschicklichkeit abzielt, dann wird sie zum Ansatz von Falschem und das Errungene zum Übel. Also geh in Dich und übe von nun an im rechten Sinn weiter.«

Darauf rückte eine große Katze mit einem Tigerfell heran und sprach: »In der Ritterkunst kommt es, so meine ich, nur auf den Geist an. So habe ich mich daher seit jeher in dieser Kraft geübt *(ki wo neru)*. So ist mir, als sei mein Geist ‚stahlhart' und frei und geladen vor dem Geist, der Himmel und Erde erfüllt.' (Menzius)«. Sehe ich den Feind, schon schlägt dieser allgewaltige Geist ihn in Bann und ich gewinne den Sieg schon im voraus. Erst dann gehe ich vor! Ganz unbewußt, so wie es die

Lage erfordert. Ich richte mich nach dem ‚Klang' meines Gegners, banne die Ratte, wie es mir beliebt, nach links oder nach rechts und komme jeder Wendung entgegen. Um die Technik als solche kümmere ich mich überhaupt nicht. Die kommt von selber. Eine Ratte, die über den Balken läuft, starre ich nur an, und schon fällt sie herunter und ist mein. Aber diese geheimnisvolle Ratte da kommt ohne Gestalt und geht ohne Spur. Was ist das? Ich weiß es nicht.« Da sagte die Alte: »Worum Du Dich da bemüht hast, ist wohl das Wirken, das aus der großen Kraft kommt, die Himmel und Erde erfüllt. Aber was Du gewonnen hast ist doch nur eine psychische Kraft und ist nicht von dem Guten, das den Namen des Guten verdient. Allein schon die Tatsache, daß Du Dir der Kraft, mit der Du siegen willst, bewußt bist, wirkt dem Siege entgegen. Dein Ich ist im Spiel. Wenn das des anderen aber stärker ist als das Deine, was dann? Wenn Du den Feind mit dem Übergewicht Deiner Kraft besiegen willst, stellt er Dir die seine entgegen. Bildest Du Dir ein, allein stark zu sein und alle anderen schwach? Wie aber soll man sich verhalten, wenn es etwas gibt, das man beim besten Willen nicht mit dem Übergewicht der eigenen Kraft besiegen kann — das ist die Frage! Was Du da als ‚frei' und ‚gestählt' und als ‚Himmel und Erde erfüllend' in Dir fühlst als geistige Kraft, das ist nicht die große Kraft *(ki no sho)* selbst, sondern nur ihr Abglanz in Dir. Es ist Dein eigener Geist, also nur der Schatten des großen Geistes. Es gibt sich zwar so, wie die große Kraft, in Wirklichkeit aber ist es etwas völlig anders. Der Geist, von dem Menzius spricht, ist stark, weil er von großem Klarsinn bleibend erhellt ist. Dein Geist aber gewinnt seine Kraft nur unter bestimmten Bedingungen. Deine Kraft und die, von der Menzius spricht, haben verschiedenen Ursprung, und so ist auch ihr Wirken verschieden. Sie unterscheiden sich wie der ewige Strom eines Flusses, z. B. des Yangtsekiang und eine plötzliche Flut, die über Nacht kommt. Was aber ist der Geist, den man bewähren soll, wenn einem etwas gegenübersteht, das von keiner bedingten Geisteskraft *(kisei)* besiegt werden kann — das ist die Frage! Ein Sprichwort sagt: ‚Eine Ratte in der Klemme beißt auch die Katze.' Ist der Feind in der Todesklemme, ist er auf nichts angewiesen. Er vergißt sein Leben, vergißt alle Not, vergißt sich selbst, ist frei von Sieg und Niederlage. Er hat gar nicht mehr die Absicht, seinen Bestand zu sichern. Und darum ist sein Wille wie Stahl. Wie könnte man ihn mit einer Geisteskraft besiegen, die man sich selbst zuschreibt«.

Nun rückte eine ältere graue Katze langsam heran und sagte: »Ja, wirklich, es ist wie Ihr sagt. Die psychische Kraft hat, so stark sie auch sein mag, in sich selbst eine Form *(katachi)*. Was aber Form hat, so klein es auch sei, es ist faßbar. Daher habe ich seit langem meine Seele *(kokoro,* die Herzkraft) geübt. Ich übe nicht die Kraft aus, die den andern geistig überwältigt (das »*sei*«, wie die zweite Katze). Ich schlage mich auch nicht herum (wie die erste Katze). Ich versöhne mich mit meinem Gegenüber, lasse mich mit ihm eins werden und widersetze mich ihm überhaupt nicht. Ist der andere stärker als ich, so gebe ich einfach nach und bin ihm gleichsam zu Willen. Meine Kunst besteht gewissermaßen darin, die fliegenden Kieselsteine in einem losen Vorhang aufzufangen. Eine Ratte, die mich angreifen will, mag noch so stark sein, sie findet nichts vor, worauf sie sich stürzen, nichts, woran sie ansetzen könnte. Aber die Ratte von heute ging einfach nicht auf mein Spiel ein. Sie kam und ging unfaßbar wie Gott. Dergleichen habe ich noch nie gesehen.«

Da sagte die Alte: »Was Du Versöhnlichkeit nennst, kommt nicht aus dem Wesen, nicht aus der Großen Natur. Es ist eine gemachte, künstliche Versöhnung, ein Kniff. Bewußt willst Du damit dem Angriffsgeist des Feindes entgehen. Weil Du aber, und sei es auch noch so flüchtig, daran denkst, so merkt er ja Deine Absicht. Gibst Du Dich aber in solcher Geistesverfassung ‚versöhnlich', so kommt Dein dem Angriff zugewandter Geist nur durcheinander, wird getrübt, und die Präzision Deiner Wahrnehmung und Deines Handelns ist gestört. Was immer Du mit bewußter Absicht tust, schränkt die ursprüngliche und aus dem Verborgenen wirkende Schwingung der Großen Natur ein, stört den Fluß ihrer spontanen Bewegung. Wo sollte da eine wunderbare Wirkkraft herkommen? Nur wenn man an nichts denkt, wenn Du nichts machst, sondern Dich mit Deiner Bewegung der Schwingung des Wesens *(shizen no ka)* überläßt, hast Du keine greifbare Form mehr, und nichts auf Erden kann als Gegen-Form auftreten; und dann gibt es auch keinen Feind mehr, der widerstehen kann.«

»Ich bin durchaus nicht der Meinung, daß alles, worin Ihr Euch geübt habt, zwecklos sei. Alles und jedes kann eine Weise des Weges sein. Auch Technik und Tao können ein und dasselbe sein und dann ist der große Geist, das ‚Waltende', schon in ihr mitenthalten und bekundet sich auch im Handeln des Leibes. Die Kraft des großen Geistes *(ki)* dient der Person des Menschen *(ishi)*. Wessen *ki* frei ist, der kann mit

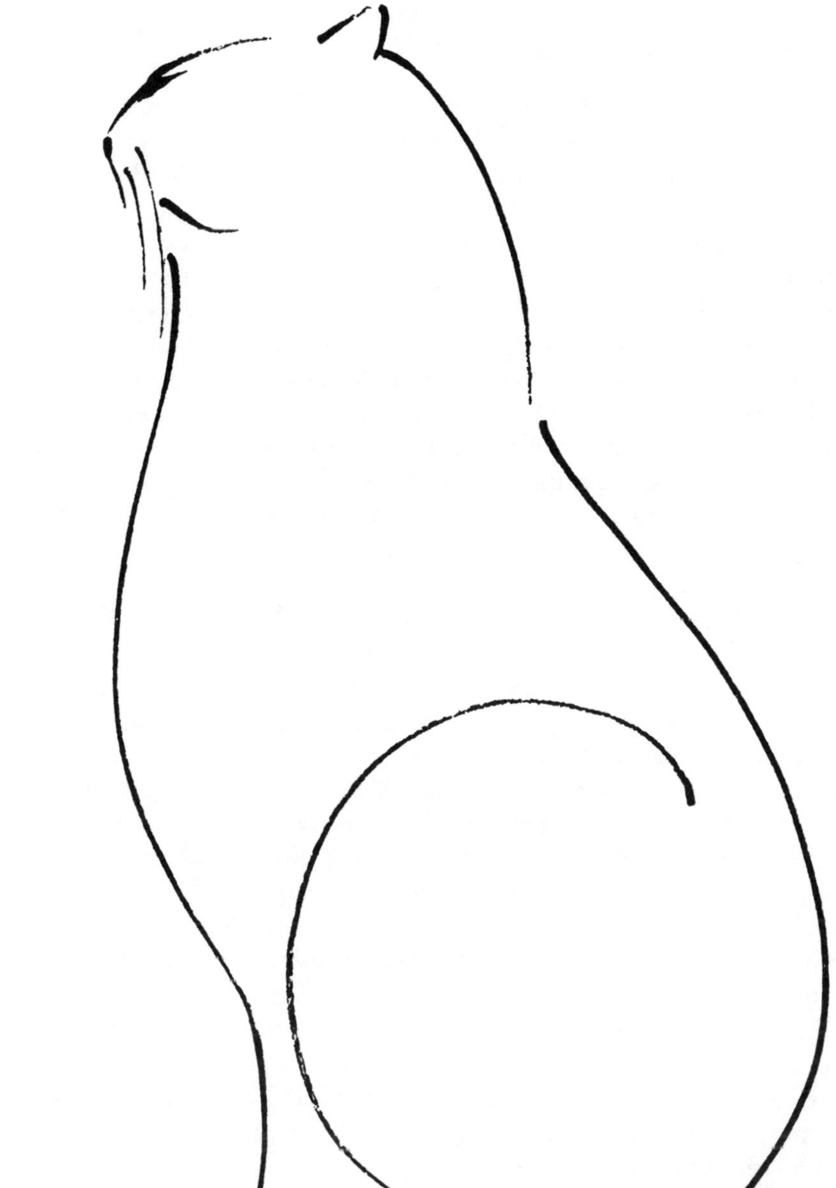

unendlicher Freiheit allem in der rechten Weise begegnen. Wenn sein Geist sich versöhnt, wird er, ohne irgend eine besondere Kraft im Kampf einzusetzen, auch nicht an Gold oder Stein zerbrechen. Nur auf eines kommt es an: daß kein Hauch von Ich-Bewußtsein im Spiel sei, sonst ist alles verdorben. Wenn man auch noch so flüchtig an all das denkt, so ist es nur etwas Erkünsteltes. Es kommt nicht aus dem Wesen, nicht aus der ursprünglichen Schwingung des Weg-Körpers *(do-tai)*. Dann aber wird auch der Gegner einem nicht zu Willen sein, sondern seinerseits widerstehen. Was für eine Weise oder Kunst also soll man gebrauchen? Nur wenn Du in jener Verfassung bist, die frei ist von jeglichem Ich-Bewußtsein, wenn Du handelst ohne zu handeln, ohne Absicht und Tricks, im Einklang mit der großen Natur, bist Du auf dem rechten Wege. So lasse man jegliche Absicht, übe sich in der Absichtslosigkeit und lasse es einfach aus dem Wesen geschehen. Dieser Weg ist ohne Ende, unerschöpflich.«

Und dann fügte die alte Katze noch etwas Erstaunliches hinzu: »Ihr müßt nicht glauben, daß das, was ich Euch hier sagte, das Höchste sei. Es ist nicht lange her, da lebte in meinem Nachbardorf ein Kater. Der schlief den ganzen Tag. Irgend etwas, das nach geistiger Kraft aussah, war nicht an ihm zu bemerken. Er lag da wie ein Stück Holz. Niemand hatte ihn je eine Ratte fangen sehen. Aber wo er war, gab es ringsherum keine Ratten! Und wo auch immer er auftauchte oder sich niederließ, ließ keine Ratte sich sehen. Ich suchte ihn einmal auf und fragte ihn, wie das zu verstehen sei. Er gab keine Antwort. Ich fragte ihn noch dreimal. Er schwieg. Aber eigentlich war es nicht so, daß er nicht antworten wollte, sondern er wußte offenbar nicht, was er antworten sollte. Aber so ist das ja: ‚Wer es weiß, der sagt es nicht, und wer es sagt, der weiß es nicht.' Dieser Kater hatte sich selbst vergessen und so auch alle Dinge im Kreis. Er war ‚nichts' geworden, hatte den höchsten Stand der Absichtslosigkeit erreicht. Und hier kann man sagen, er hatte den göttlichen Ritterweg gefunden: Zu siegen ohne zu töten. Dem stehe ich noch weit nach.«

Shoken hörte dies wie im Traum, kam herbei, grüßte die alte Katze und sagte: »Nun übe ich mich seit langem schon in der Fechtkunst, aber das Ende habe ich noch nicht erreicht. Ich habe Eure Einsichten vernommen und glaube, den wahren Sinn meines Weges verstanden zu haben, aber inständig bitte ich Euch, sagt mir doch noch etwas mehr über Euer Geheimnis.« Da sprach die Alte: »Wie kann das zugehen? Ich bin nur ein Tier und die Ratte ist meine Nahrung. Wie könnte ich über menschliche Dinge Bescheid wissen! Ich weiß nur soviel: Der Sinn der Fechtkunst liegt nicht bloß darin, über einen Gegner zu siegen. Sie ist vielmehr eine Kunst, mit der man zu gegebener Stunde in die große Klarheit des Lichtgrundes von Tod und Leben gelangt *(Seishi wo akiraki ni suru)*. Ein wahrer Ritter sollte mitten in aller technischer Übung immerzu die geistliche Übung dieses Klarsinnes pflegen. Hierzu aber muß er vor allem die Lehre vom Seinsgrund von Leben und Tod, von der Todesordnung *(shi no ri)* ergründen. Den großen Klarsinn gewinnt aber nur, wer frei ist von allem, was ihn von diesem Weg abbringt *(hen kyoku,* Mitten-Ferne), besonders aber von allem fixierenden Denken. Ist das Wesen und seine Begegnung *(shin ki)* sich ungestört selbst überlassen, frei vom Ich und allen Dingen, kann es sich, wann immer es darauf ankommt, in voller Freiheit bekunden. Wenn Euer Herz aber noch so flüchtig an etwas haftet, wird das Wesen verhaftet und zu etwas In-sich-Stehendem gemacht. Ist es aber zu etwas In-sich-Stehendem geworden, dann ist mit dem Ich, das in sich steht auch etwas da, das ihm widersteht. Dann stehen sich zwei gegenüber und kämpfen gegeneinander um ihren Bestand. Ist das aber der Fall, dann werden die jedem Wandel gewachsenen wunderbaren Funktionen des Wesens gehemmt, ist die Todesklemme dann da, dann hat man den dem Wesen eigenen Klarsinn verloren. Wie könnte man in dieser Verfassung dem Feind in der rechten Haltung begegnen und ruhig ‚Sieg und Niederlage' ins Auge fassen? Selbst wenn man den Sieg davon trüge, es ist nur ein blinder Sieg, der nichts mit dem Sinn der wahren Fechtkunst zu tun hat.

Frei sein von allen Dingen bedeutet nun nicht eine leere Leere. Das Wesen als solches hat keine Eigennatur. Es ist an und für sich jenseits von allen Formen. Es speichert auch nichts in sich auf. Wenn man aber, was es auch sei, und wie geringfügig es sei, auch nur flüchtig fixiert und festhält — die große Kraft bleibt daran kleben und das aus dem Ursprung fließende Gleichgewicht der Kräfte ist dahin. Wird das Wesen auch nur ein wenig durch etwas verhaftet, ist es in seiner Bewegung nicht mehr frei und strömt nicht mehr ungestört in seiner Fülle hervor. Ist das Gleichgewicht aus dem Wesen gestört, dann fließt seine Kraft, wo sie dennoch hinkommt, schnell über; wo sie aber nicht hinkommt, reicht es nicht aus. Wo sie überfließt, bricht gleich zuviel hervor und es gibt kein Aufhalten mehr. Wo sie nicht hinreicht, ist der wirkende Geist geschwächt und versagt und kann sich hier wie dort, wenn es darauf ankommt, nicht der Lage entsprechend bewähren. Was ich Freiheit von den Dingen nenne, bedeutet also nichts anderes als dies: Speichert man nichts auf, lehnt man sich an nichts an, stellt man nichts fest, dann ist kein Stand und kein Gegen-Stand da. Weder ein Ich noch ein Gegen-Ich. Wenn dann etwas daher kommt, so begegnet man ihm wie unbewußt und hinterläßt keine Spur. Im ‚Eki' (Buch der Wandlungen) heißt es: ‚Ohne Denken, ohne Tun, ohne Bewegung, ganz still: nur so kann man das Wesen und das Gesetz der Dinge von innen her und ganz unbewußt bekunden und endlich eins werden mit Himmel und Erde.« Wer die Fechtkunst so ausübt und sie so versteht, der ist der Wahrheit des Weges nahe.«

Shoken, als er dies hörte, fragte nun: »Was soll das bedeuten, daß weder ein Ich noch ein Gegen-Ich, weder ein Subjekt noch ein Objekt, da ist?« Die Antwort der Katze: »Wenn und weil ein Ich da ist, ist auch ein Feind da. Stellen wir uns nicht als ein Ich hin, so ist auch kein Gegner da. Was wir also so nennen, ist nur ein anderer Name für das, was Gegensatz bedeutet. Insofern die Dinge eine Form wahren, setzen sie auch immer eine Gegenform. Wo immer etwas als ein Etwas feststeht, hat es aber eine Eigenform. Ist mein Wesen zu keiner Eigenform verfaßt, so ist auch keine Gegenform da. Wo kein Gegensatz ist, gibt es auch nichts, was gegen einen antritt. Das aber heißt: Weder ein Ich noch ein Gegen-Ich ist da. Läßt man sich selbst ganz fallen und wird also frei, von Grund auf und von allen Dingen, so befindet man sich im Einklang mit der Welt, ist eins mit allen Dingen, in der großen All-Einheit. Auch wenn des Feindes Form ausgelöscht wird, es wird einem gar nicht bewußt. Nein, nicht daß man sich dessen überhaupt nicht inne würde, aber man verweilt nicht dabei und der Geist bewegt sich weiterhin frei von aller Fixierung und antwortet auch im Handeln einfach und frei aus der Mitte des Wesens.

Ist der Geist von gar nichts mehr eingenommen und frei von aller Besetztheit, so ist auch die Welt, so wie sie ist, ganz unsere Welt und mit uns eins. Dies bedeutet, man nimmt sie nun jenseits von Gut und Böse, jenseits von Sympathie oder Antipathie. Man ist in nichts mehr befangen und bleibt auch an nichts in ihr haften. Alle Gegensätze, die wir vor uns haben, Gewinn und Verlust, Gut und Böse, Freud und Leid, kommen aus uns. In der ganzen Weite von Himmel und Erde ist für uns darum nichts so erkennenswert, als nur unser eigenes Wesen. Ein alter Dichter spricht: ‚Ein Körnchen Staub im Auge und die drei Wel-

ten sind noch zu eng. Ist uns an nichts mehr gelegen, so ist das kleinste Bett immer noch weit.‘ Das heißt: Dringt ein Körnchen Staub uns ins Auge, so kann es sich nicht mehr auftun. Denn es dringt etwas dort hinein, wo es helle Sicht nur dann gibt, wenn nichts darin steckt. Dies mag uns zum Gleichnis dienen für das Sein, das leuchtend erleuchtendes Licht ist und in sich selbst ledig von allem, was ‚etwas‘ ist. Wenn sich aber etwas davor stellt, vernichtet die Vor-Stellung seine Tugend. Ein anderer Dichter sprach so: ‚Ist man von Feinden umstellt, hunderttausend an der Zahl, so wird zermalmt, was man selber an Form ist. Aber das Wesen ist und bleibt mein, so stark der Feind auch sein mag. In dieses kommt kein Feind je herein‘. Konfuzius sagt: ‚Auch eines einfachen Mannes Wesen kann man nicht stehlen.‘ Gerät aber der Geist durcheinander, dann wendet sich das Wesen gegen uns selbst.«

»Dies ist alles, was ich Euch sagen kann. Gehet nun wieder in Euch und forscht selbst in Euch nach. Ein Meister kann dem Schüler immer nur die Sache mitteilen und sie zu begründen versuchen. Die Wahrheit zu erkennen und sie sich anzueignen, das vermag immer nur ‚Ich-Selbst‘. Dies nennt man Selbstaneignung *(jitoku).* Das Übermitteln erfolgt von Herz zu Herz *(ishin denshin).* Es ist eine Weitergabe auf außerordentlichem Wege, jenseits von Lehre und Gelehrsamkeit *(kyogai betsuden).* Dies bedeutet nicht, der Lehre der Meister zu widersprechen. Es bedeutet nur, daß auch ein Meister die Wahrheit selbst nicht weiterzugeben vermag. Dies gilt nicht nur für Zen. Angefangen von den geistlichen Übungen der Alten über die Kunst der Bildung der Seele bis hin zu den Künsten — immer ist die Selbstaneignung das Kernstück, und dieses wird nur weitergegeben von Herz zu Herz, jenseits von aller überlieferten Lehre. Der Sinn jeder ‚Lehre‘ ist nur: auf das, was jeder in sich selbst hat, ohne es selbst schon zu wissen, hinzudeuten und es bewußt zu machen. Es gibt kein Geheimnis, das der Meister dem Schüler ‚übergeben‘ könnte. Zu lehren ist leicht. Zu hören ist leicht. Schwer ist es aber, dessen bewußt zu werden, was man in sich selbst hat, es zu finden und wirklich in Besitz zu nehmen. Dies nennt man ins eigene Wesen blicken, Wesensschau *(ken-sei, kensho).* Widerfährt es uns, haben wir Satori. Es ist das Große Erwachen aus dem Traum der Irrungen. Erwachen, ins eigene Wesen blicken, Selbst-Wahr-Nehmung ist alles dasselbe.«

# FUKAN-ZAZEN-GI

*Ein Text des Zen-Meisters Dôgen,*
*erläutert von Meister Hakuun Yasutani,*
*übersetzt aus dem Japanischen von Fumio Hashimoto.*

## Vorwort

Das Buch »Fukan-Zazen-Gi« ist vor mehr als 700 Jahren vom Zen-Meister Dôgen geschrieben worden.
Dôgen wurde als Kind Monjumara genannt. Er war der dritte Sohn des Prinzen Kuga Michichika, der ein Minister war. Seine Mutter war die Tochter des Prinzen Fujiwara Motofusa und hieß Setsuko.
Sein Vater starb als er zwei Jahre alt war, und mit sieben Jahren verlor er seine Mutter. Er wurde von der Vergänglichkeit des menschlichen Lebens zutiefst erschüttert, ging im Frühling seines zwölften Jahres auf den Berg Hieizan in den Tempel, wurde dort mit dreizehn Jahren Mönch, las daselbst das Issaikyô (Sammlung der Sutren samt Kommentaren) und geriet in große Zweifel. Beim Zen-Meister Eisai gelangte er durch Fragen und Antworten zur Einsicht in die Buddha-Natur (d. h. zur ersten Stufe der Erleuchtung). Im Tempel Kenninji (Kyoto) lernte er neun Jahre beim ersten Jünger von Eisai mit Namen Myôzen das Kôan-Zen im Sinne der Rinzai-Sekte, las wieder das Issaikyô und erhielt von Myôzen die Genehmigung, daß er als Graduierter des Zen galt. Damit gab er sich aber nicht zufrieden. Er wanderte nach China hinüber, um den tiefsten Sinn des Buddhismus noch weiter zu erforschen. Zuletzt erwarb er sich bei dem Zen-Meister Myojô von Tenryuzan die Große und Letzte Erleuchtung im wahren und tiefsten Sinne des Wortes. Er erbte damit endlich im vollkommenen Sinn den von den Buddhas und Patriarchen auf rechte Weise überlieferten Buddhismus und kehrte wieder nach Japan zurück.
Das von dem Meister Dôgen verkündete reine Zen, das im Folgenden anhand seiner eigenen Worte dargestellt wird, ist dasjenige, das von Siddartha, dem Heiligen der Shakya (Geschlechtsname), ausgehend rechtmäßig überliefert worden ist. Dieses Zen gelangte in Indien zu dem

Großen Meister Bodhidharma als dem 28. Patriarchen (Siddartha eingeschlossen), kam dann nach China, gelangte dort zu dem Zen-Meister Daikan Enô als dem 33. Patriarchen und weiter zu dem Zen-Meister Dôgen als dem 51. Patriarchen, durch den es nach Japan herübergewandert ist. Das von Dôgen verkündete reine Zen besteht seinem wahren Gehalt und Wesen nach darin, daß wir kraft des »Buddha in uns« in rechter Weise den »Buddha-Weg« gehen. Das heißt, wir sollen den uns eingeborenen Weg der Erleuchtung in uns entdecken und an Leib und Seele verwirklichen. Was das bedeutet, wird in der kleinen Schrift von Dôgen »Fukan-Zazen-Gi« in kürzester Form zusammengefaßt. Das »Fukan-Zazen-Gi« ist eine Art Quintessenz von Dôgens Auffassung vom Buddhismus.

### Was heißt »Fukan-Zazen-Gi«?

»Fukan« bedeutet allgemeine Anempfehlung. Damit meint Meister Dôgen, daß das Zazen jedermann zugänglich ist und auch, daß jedermann es üben soll. Die zwei Schriftzeichen »Fu« und »Kan« bedeuten: »Man frage nicht nach weise und dumm, man unterscheide nicht zwischen scharf und stumpf«.

»Zazen« bedeutet (Za) Sitzen und (Zen) Üben. Zen ist eine lautsprachliche Wiedergabe des Sanskritwortes »*jhän*«. Sein Sinn ist ruhig denken oder ruhiges Denken, und das bedeutet auch: den Geist konzentrieren, sich sammeln. Da das Sitzen aber das beste Mittel ist, sich zu sammeln, so spricht man vom Zazen, als von einem Sitzen, bei dem man die Sammlung des Geistes übt.

»Gi« (im »Fukan-Zazen-Gi«) bedeutet Riten und Manieren, bezieht sich also auf das »Wie« des Zazen.

Das Zazen, das Meister Dôgen empfiehlt, ist reines Zen, also weder ein volkstümliches Zazen, das nur der Gesundheit dient, noch eine der mannigfaltigen Abarten, wie sie sich bei manchen außerbuddhistischen oder pseudobuddhistischen Schulen finden. Es ist auch nicht das Zen des Kleinen Vehikels (Hinayana-Buddhismus), in dessen Praxis alles Denken aufhört und der Geist völlig stillsteht. Und es ist auch nicht das Zen, das danach riecht als »erwarte« man eine Erleuchtung (ein satori). Zazen als bloßes Mittel zum Zweck der Erleuchtung ist kein reines Zazen.

## *D E R  T E X T  D E S  M E I S T E R S  D O G E N*
## *und die Erläuterungen von Meister Yasutani*

*Stellen wir uns heute die Frage der Fragen, so erkennen wir dieses: Der Weg ist an und für sich überall und vollkommen da, wozu soll man sich noch um dessen Übung und Bewährung bemühen? Das Haupt-Vehikel steht frei und offen. Wozu also viel Mühe und Kunst daran wenden? Überhaupt: Das Ganze ist weit über allen Staub erhaben! Wer glaubt da noch an die Notwendigkeit eines Mittels, ihn abzuwischen? Die Metropole liegt nirgend anders als hier, auf der Stelle! Wer bedarf da noch seiner Beine zum Zweck der Übung?*

*Stellen wir uns heute die Frage:* Der Verfasser will damit sagen, daß er jetzt erst dazu komme, den wahren Weg des Buddhismus zu zeigen, nachdem er ein Leben lang nach dessen Grund gefragt und ihn völlig erforscht hat.

*Der Weg ist an und für sich überall und vollkommen da:* Diese Worte machen den letzten Sinn des Buddhismus offenbar. Dieser Sinn ist, wenn man einmal zu ihm vorgedrungen ist, durchaus leicht verständlich. Konfuzius sagt: »Von dem Weg kann man nicht abkommen. Wovon man abkommen kann, ist nicht der Weg.« Dôgen sagt: »Der Buddha-Weg i s t einem jeden Menschen unter den Füßen«. Unser tägliches Leben, in dem wir stehen und sitzen, schlafen und wachen, bleiben und gehen, alles das ist, *so wie es ist,* ohne weiteres der Buddha-Weg. Allein die gewöhnlichen Menschen erkennen das in ihrem alltäglichen Leben Verborgene nicht. Sie halten das Leben für nichtig und gering und leben nur so vor sich hin. Es gibt noch dümmere Menschen, die sich in Klagen und Schmähungen über ihr tägliches Leben ergehen, das »Glück« irgendwo anders suchen und sich wer weiß wo herumtreiben, um es zu finden. Doch der wahre Weg ist überall vollkommen da: Jeder Mensch ist im Grunde seines Wesens vollkommen und makellos. Jeder Mensch ist ursprünglich so, daß er frei und gelöst allzeit ein frohes Leben führen könnte. Das ist eine Einsicht in eine Grundtatsache, die hier klar und eindeutig ausgedrückt wird. Darum heißt es weiter:

*Wozu sich noch um dessen Übung oder Bewährung bemühen:* Bewährung des ursprünglichen Lebens bedeutet *Erleuchtung.* Es ist also ein Irrtum zu glauben, der Mensch müsse sie »machen« und sich anstrengen, bis daß in ihm das aufgehe, vermöge dessen er erst ein vollkommener Mensch werde. Von vornherein *ist* jeder ein vollkommener Mensch, ein freier Mensch. Aber der Gewöhnliche hat es nicht im Bewußtsein (das, was ohne Unterlaß *in* ihm aufgeht, geht *ihm* nicht auf). So hält er sich bis in den Grund hinein für unvollkommen und fällt der Täuschung anheim, daß er auch ursprünglich unfrei sei.

*Das Hauptvehikel steht frei und offen; wozu also viel Mühe und Kunst daran wenden?* Diese Worte bedeuten dasselbe wie die letzten. Warum wiederholt der Verfasser ein- und dasselbe? Weil wir gewöhnlich nicht bereit sind, etwas prima vista hinzunehmen, wenn es nur einmal angeboten wird. Es kommt auch im weiteren vielfach vor, daß der Verfasser etwas Wichtiges zweimal sagt, wenn auch mit anderen Worten.

*Das Hauptvehikel:* bedeutet die wertvollste Lehre, den Buddha-Weg. Es ist gleichbedeutend mit »dem Weg an und für sich«. »*Steht frei und offen*« meint dasselbe wie »ist überall und vollkommen da.« »*Mühe und Kunst*« bedeutet hier: volle Hingabe an die Praxis des Zazen, also im Unterschied zu allem nur theoretischen Ergründen das Inanspruchnehmen der Frucht der praktischen Übung, wobei die Frucht der Übung an sich immer schon reif in uns bereit liegt. Gemeint ist damit, daß der Buddha-Weg schon jedem Menschen innewohnt und ihm vollkommen eigen ist, also ihm auch im Grunde von vornherein offen steht, ohne daß er erst selbst besonderes Verdienst um das Zazen erworben und angehäuft haben müßte. Das ist es, was der bekannte Satz: »Alle Wesen sind an und für sich Buddhas« bedeutet. Diese Grundeinsicht des Buddhismus wird nun in den folgenden Worten mit noch erheblich stärkerem Nachdruck herausgestellt.

*Überhaupt ist das Ganze weit über allen Staub erhaben; wer glaubt da noch an die Notwendigkeit eines Mittels, ihn abzuwischen?* »*Überhaupt*« bedeutet »ja, noch mehr«. Das »Ganze« bedeutet jeden von uns, insofern er in der Ganzheit seines Wesens und Lebens die Einheit des Grundes sichtbar macht. *»Staub«* (die sich im Bewußtsein vollziehende) Verirrung, Sonderung, Unreinheit. Der gleiche Sinn ist wiederum mit folgenden Worten ausgedrückt:

*Die Metropole liegt nirgend anders als hier auf der Stelle! Wer braucht seine Beine zum Zweck der Übung?* »Die Metropole«, der Sitz der Zentralregierung, meint Stand und Lage des Menschen im Hinblick auf Erleuchtung. »Hier auf der Stelle« meint ganz real den Ort, an dem wir uns jeweils befinden. Gemeint ist also, daß wir uns immer und überall

»im Grunde« schon im Stand und in der Lage der Erleuchtung befinden, und — nur mit tiefer Dankbarkeit läßt sich das aussprechen — wo immer wir stehen oder wo wir auch sitzen, uns eigentlich immer schon inmitten des Reinen Landes (»Paradies«) befinden. Es ist ein Irrtum zu glauben, daß wir erst dann ins Paradies eingehen könnten, wenn wir (im Zazen) die Beine so sehr angestrengt haben, daß sie uns wehtun. Wann und wo und wer wir auch seien, wir befinden uns von vornherein schon inmitten des Paradieses. Das ist der Sinn dieses Satzes.

Wenn es z. B. hieße: »In Zukunft werden wir ins Paradies gelangen«, so wäre ein Zweifel berechtigt, ob wir das denn je wirklich vermögen. Oder wenn es hieße: »In Zukunft werden wir Buddhas sein«, so wüßten wir doch nicht, ob wir es denn wirklich je sein würden. Da es aber heißt: »Wir sind ohnehin schon im Paradies«, so ist das eine wahrhaft frohe Botschaft, aber zugleich ein großes Problem, dem wir auf den Grund gehen müssen.

*Trotz alledem: Eine haarbreite Abweichung verursacht ein klaffendes Auseinanderbrechen von Himmel und Erde: Kommt in einem auch nur ein bißchen Sympathie oder Antipathie auf, so gerät man in ein wirres Durcheinander und verliert sein (rechtes) Bewußtsein. Ein Mensch mag stolz auf sein Verständnis und an Erleuchtung reich sein. Er mag sich eine Durchdringungskraft der Weisheit erworben haben, die ihn befähigt, einen flüchtigen Blick in den Buddha-Stand und die Buddha-Lage zu tun. Er mag den Weg erreicht und das Bewußtsein des Menschen ergründet haben, er mag eine himmelstürmende Entschlossenheit zeigen. Er mag schon einige Schritte in den Randbezirk eingetreten sein und sich dort mit viel Freude ergehen. Es fehlt ihm doch fast völlig der Ausgangsweg, auf dem er sich selbst herausziehen könnte.*

*Trotz alledem:* Damit wendet sich der Verfasser unserer rauhen Wirklichkeit zu und ruft uns in sie zurück. Es ist eine offensichtliche und unverkennbare Tatsache, daß unser reales Leben genau das Gegenteil eines Paradieses, viel eher ein Höllen-Leben ist, und uns, was den Menschen anbetrifft, höchst »gewöhnliche und unsaubere Menschen« zeigt, die weit davon entfernt sind, Buddhas zu sein, ja, rein nichts mit ihnen gemein haben. Wo kommt diese Diskrepanz her? Von einer haarbreiten Abweichung! Worin besteht aber diese? Das ist eine sehr wichtige Frage.

Der Mensch verfügt über einen entwickelten Intellekt, und das ist für ihn etwas Wertvolles. In den wertvollen Tätigkeiten des Intellekts aber schaltet und waltet das rationale Ichbewußtsein so lebhaft, daß der Mensch sich ihm allzuleicht ganz überläßt und schließlich den Fehler begeht, sich in seinen Netzen zu verfangen. Dieses (rational fixierende, fest-stellende) Ichbewußtsein ist der Spaltpilz, an dem alles ursprüngliche Leben zunichte wird. Wenn das Ich dieses Bewußtseins eine letzte Wirklichkeit hätte, dann müßte man es dabei bewenden lassen. Dieses Ich ist jedoch eigentlich nur ein bloßer Wahn, der sich in uns als Vorstellung geformt hat und als solche in uns festsitzt. Als eine bloße Vor-Stellung aber ist es an sich etwas Wesensloses. Und eben das ist gemeint, wenn der Buddhismus von der Ichlosigkeit (Muga) spricht (d. h. davon, daß wir »im Grunde« ichlos sind). Ob wir der Tatsache dieser Ichlosigkeit zum Trotz zulassen, daß sich die Vorstellung des Ichs immer wieder in unserem Bewußtsein als eine Wirklichkeit formt und durchsetzt oder nicht, darin liegt die »*haarbreite Abweichung*«. Aus dieser entsteht »*jene klaffende Diskrepanz von Himmel und Erde*", das heißt auch: von Buddhas und Gewöhnlichen, von Paradies und Hölle. Einfacher ausgedrückt: Je stärker das Ich in den Vordergrund tritt, umso unheimlicher und unbequemer und düsterer wird die Welt. Aber sie wird umso friedlicher, glücklicher und heiterer, je mehr dieses Ich im Menschen zurücktritt.

*Kommt in einem auch nur ein bißchen Sympathie oder Antipathie auf, so gerät man in ein wirres Durcheinander und verliert sein rechtes Bewußtsein.* Diese Worte drücken genau denselben Sinn aus wie der letzte Satz: Nur aus der Identifikation mit einem als wirklich vorgestellten Ich ergibt es sich, daß etwas dem Menschen gefällt oder nicht. Wenn er von dieser Identifikation läßt, kann in ihm weder Sympathie noch Antipathie aufkommen. Wenn ihn der irrige Wahn eines wirklichen Ichs gefangen hält, demzufolge in ihm auch das irreführende Gefühl von Sympathie und Antipathie sich regt, er davon bestimmt und er schließlich von ihm hin- und hergerissen handelt, dann entsteht ein unentwirrbares Durcheinander, und in diesem Wirrwarr ist das rechte Bewußtsein verloren. Dann hilft dem Menschen nichts mehr, weder sein bißchen Übung noch sein bißchen Verständnis für den Buddhismus, noch ein bißchen Erleuchtung, die er sich erworben zu haben glaubt. Daher die folgenden Sätze: »*Ein Mensch mag . . . herausziehen könnte.*

*Verständnis:* das heißt für den Buddhismus. *An Erleuchtung reich sein:*

reich zu sein glauben; *den Weg erreicht und das Bewußtsein des Menschen ergründet haben:* sich die große und letzte Erleuchtung erworben zu haben glauben. *Einige Schritte in den Randbezirk eingetreten sein und sich dort mit viel Vergnügen ergehen:* mit einem Wort, ein bißchen in den Buddha-Weg eingetreten sein und etwas von seinem Segen gekostet haben. *Es fehlt ihm doch fast völlig der Ausgangsweg, auf dem er sich selbst befreien könnte:* Solange der Mensch im Ich hängt, gelingt es ihm trotz allem nicht, frei und gelöst zu leben. Er kann also den ihm innewohnenden Buddha-Weg nie gehen.
Damit weist der Verfasser auf die Tatsache hin, daß wir, die wir an sich makellos und vollkommen sind, uns an ein sehr unvollkommenes Leben verloren haben. Eben darum müssen wir um das Zazen eifrig bemüht sein; denn nur so können wir zu dem eigentlichen und vollkommenen und unserem Wesen entsprechenden Selbst hinfinden.

*Merkt euch das wohl: In Gion, da war der zur Weisheit Geborene. Er saß sechs Jahre auf rechte und strenge Weise. Nehmt euch das zum Vorbild. In Shôrin, da war der Überlieferer des siegelfesten Buddha-Herzens. Er saß neun Jahre hindurch, das Gesicht der Wand zugekehrt. Seinen Ruf bekommt ihr alle noch heute zu hören. So war es schon mit diesem alten Heiligen. Wie sollt ihr heutigen Menschen es unterlassen dürfen zu versuchen, den Buddha-Weg zu verstehen?*

*Gion:* Abkürzung von »Gion-shôda«, der Tempel, wo Siddartha *saß auf rechte und strenge Weise:* Zazen übte. *Shôrin:* der Tempel in Nordchina (bekannt als Shôrinji),wo der Große Meister Dharma neun Jahre lang, das Gesicht der Wand zugekehrt, Zazen übte. Er überlieferte den von Shakyamuni (Siddartha) her von Meister zu Meister überkommenen Weg der Erleuchtung weiter. Darum heißt er *der Überlieferer des siegelfesten Buddhaherzens. Versuchen, den Buddha-Weg zu verstehen:* bedeutet Zazen üben.

*Darum sollt ihr mit eurer nur deutenden Übung aufhören, in der es darauf ankommt, Worten auf den Grund und dem Sinn von Sätzen auf die Spur zu kommen. Ihr sollt den Rückschritt lernen, wobei es darauf ankommt, das Licht umzukehren und es zurückstrahlen zu lassen.*

*Der Leib und die Seele werden danach von selbst wegfallen. Das eigentliche Gesicht wird sich zeigen. Wollt ihr euch etwas Derartiges erwerben, so sollt ihr euch beeilen und euch eifrig mit etwas Derartigem beschäftigen.*

Wir sollen aufhören, bloße Gedankenforschung zu treiben, die darin besteht, Worte und Sätze zu befragen und sie deutend hin und her zu wenden. Man soll lieber fleißig Zazen üben. *Den Rückschritt lernen, wobei es darauf ankommt, das Licht umzukehren und zurückstrahlen zu lassen:* Eben das ist Zazen! Im Zazen nämlich richtet der Mensch das Licht der Weisheit nicht nach außen, (gegenständlich) auf Himmel und Erde und alle Dinge, sondern er kehrt es um, bestrahlt damit sich selbst und sucht (inständlich) zu erforschen, wer er selbst ist. Darum ist Zazen gerade das Gegenteil von Wissenschaft, an die man gewöhnlich denkt (wenn von Erkennen die Rede ist) und die immer nur nach außen blickt (das heißt gegenständlich begreift)[1]. Wenn die Wissenschaft sich auf diese Weise im Fortschreiten hält, so bedeutet demgegenüber Zazen geradezu ein Rückschreiten. Denn das Wesen des Zazen besteht darin, daß man nicht darum bemüht ist, auf Gegenstände zuzuschreiten und diese als das »Andere« zu begreifen, sondern, daß man zurückschreitet, um sich inständlich selbst zu ergreifen. Wenn man in diesem Sinn eifrig und beständig um das richtige Zazen bemüht ist, so kommt man in eine Bewußtseinslage, in der man am Ende selbst auf den Grund kommt, wobei die Erleuchtung (der Durchbruch zum Wesen) von selber erfolgt. Selbstverständlich gibt es ungeheure Unterschiede in der Schnelligkeit, mit der sich die Erleuchtung einstellt. Es gibt Leute, die es in drei bis fünf Jahren fertigbringen, andere, die eine Frist von zehn, zwanzig Jahren nötig haben. Es gibt Menschen, die in ihrem Leben nie dazu kommen, und andere, die in einer Minute oder Sekunde zur »Großen Erfahrung« gelangen. Daran ist nichts zu ändern. Es ist auch vom verschiedenen Grade der Übungsweise abhängig, die der Mensch schon aus früherem Leben mitbringt. . . . Ebenfalls gibt es große Unterschiede in der Tiefe der Erleuchtung. Es ist daher nicht möglich, etwas Allgemeines über sie auszusagen. *»Der Leib und die Seele fallen weg«:* in die-

---

[1]) „Wenn man aber nach innen schaut, wie man nach außen blickt, macht man aus dem Innen ein Außen." D. T. Suzuki.

sen Worten drückt Meister Dôgen den Stand seines Bewußtseins aus, als seine letzte und tiefste Erleuchtung zum Durchbruch gekommen war. Die Erleuchtung läßt sich nie mit Gewalt zustande bringen, ja sie gewinnt den ihr zukommenden »guten Geschmack« nur dadurch, daß sie, genauso wie das Obst, auf natürliche Weise zur Reife kommt (und am Ende von selbst abfällt). Darum heißt es: »*Der Leib und die Seele werden von selbst wegfallen*«: »von selbst« bedeutet nun aber nicht ohne jedes Zutun! Denn ohne jedes Zutun gibt es ein Aufkommen der Erleuchtung auch nicht. Das Obst reift zwar von selbst, aber nur deshalb, weil die Pflanze keine Minute, ja keine Sekunde im Wachstum innehält, also unausgesetzt auf dem Wege der Reifung fortschreitet. Genauso wird der Mensch nur dann eines Tages zur Erleuchtung gelangen, wenn er ohne Unterbrechung fortfährt, sein Wachstum zu fördern und dieses am besten, indem er Zazen übt.
*Das eigentliche Gesicht wird hervortreten:* das heißt: Es wird sich die Erleuchtung auftun!

*Für Zazen ist ein stiller Raum geeignet. Im Essen und Trinken sei Maß gehalten. Man lasse alle Anlässe fallen, man höre mit allen Dingen auf. Man denke nicht an Gut und Böse. Man behalte weder Wohl noch Übel. Man stelle das Treiben seines Bewußtseins ein. Man halte mit allen Gedanken-Erwägungen inne. Man beabsichtige nicht, Buddha zu werden. Was liegt daran, ob man sitzt oder liegt.*

Auf der Anfangsstufe läßt sich das Zazen nicht gut in geräuschvollen Räumen üben. Es wäre zwar wünschenswert, daß man sich bald an Geräusche gewöhnt, doch auch dann ist es noch besser, in einem stillen Raum zu sitzen. Was Essen und Trinken betrifft, begnüge man sich mit einer Sättigung zu 80%.
*Man lasse alle Anlässe fallen* und *höre mit allen Dingen auf* bedeutet: Wenn man Zazen übt, soll man nicht diesem und jenem nachsinnen, sondern alles beiseite schieben. Wer zwei Hasen hetzt, bekommt keinen. Wer zwei Paar Sandalen trägt, bleibt immer unterwegs und kommt nie ans Ziel. Zazen üben meint Zazen üben und sonst nichts.
*Man denke nicht an Gut und Böse, man behalte weder Wohl noch Übel:* Diese Worte bedeuten nicht, daß man überhaupt auf die Unterscheidung von Gut und Böse, Wohl oder Übel verzichten dürfe, sondern lediglich,

daß man beim Üben den Geist in einen Zustand der Leere setzen soll, so daß auch alle Überlegungen darüber aufhören, ob dies oder jenes zu tun sei. Man ist einzig und allein damit befaßt, den Übungsanweisungen seines Meisters zu folgen, und das bedeutet vor allem: zu versuchen, aus sich selbst ein weißes Blatt Papier zu machen.

*Man stelle das Treiben seines Bewußtseins ein, man halte mit allen Gedanken-Erwägungen inne.* Es handelt sich nicht darum, das Bewußtsein als solches zu verabscheuen, noch darum, jegliche Tätigkeit des Geistes zu verleugnen. Wohl aber geht es darum, das rationale (gegenständlichfixierende, begriffliche und schlußfolgernde) Denken auszuschalten. Denn damit kann das wahre Selbst nie und nimmer, auch nicht im Verlauf von zehntausend Jahren, ergriffen werden.

*Man beabsichtige nicht, Buddha zu werden:* Man lasse nicht einmal den Wunsch, daß man Buddha werden möchte, in sich aufkommen und male sich nicht in Gedanken ein solches Bild aus. Man mache aus seinem Bewußtsein ein weißes Blatt Papier und sitze auf rechte und strenge Weise. Man male sich vor allem nicht aus, wie eine Erleuchung wohl aussehen könnte!

*Ob man sitzt oder liegt? — Was liegt einem daran!* Man denke nicht etwa, von der Zen-Übung könne nur dann die Rede sein, wenn man sitzt. Ob man stehe, ob man sitze, ob man schlafe, ob man wache, immer soll das Üben weitergehen. Das bedeutet, man soll sich stets davor hüten, die rechte Verfassung zu verlieren und soll sich bemühen, aller Dinge ledig zu bleiben, das heißt an nichts zu haften. Das ist der Sinn von leer sein, wie ein weißes Blatt Papier.

*Zum Üben legt man dort, wo man üben will, ein dickes Kissen aus, und legt noch ein Sitzkissen darauf. Man kann Kekka-fuza oder Hanka-fuza üben. Unter Kekka-fuza versteht man: erst den rechten Fuß auf den linken Oberschenkel legen und dort ruhen lassen, sodann den linken Fuß auf den rechten Oberschenkel legen und dort ruhen lassen. Unter Hanka-fuza versteht man: lediglich den linken Fuß auf den rechten Oberschenkel legen. Kleider und Gürtel soll man locker tragen und doch in wohlgeordneter Form halten. Dann legt man die rechte Hand auf das linke Bein und läßt sie dort ruhen, man legt weiter die linke Hand auf die rechte Handfläche und läßt sie dort ruhen. Die beiden Daumen lehnen sich Gesicht zu Gesicht aneinander. Man hält dann den Leib auf-*

*recht und sitzt auf rechte, strenge Weise. Man achte darauf, daß man weder nach links noch nach rechts, weder nach vorn noch nach hinten neige. Man achte auch darauf, daß Ohr und Schulter, Nase und Nabel je senkrecht übereinander stehen. Die Zunge hält man so, daß sie den Oberkiefer (den Gaumen) berührt. Sowohl die Lippen als auch die Zahnreihen liegen an- und aufeinander. Die Augen soll man immer offen halten. Der Atem zieht leise durch die Nase aus und ein. In dieser Weise ist die Körperstellung in der besten Ordnung. Jetzt holt man einen tiefen Atemzug, schwenkt sich nach links und rechts, bis man felsenfest zurecht sitzt. Man erwäge dieses Unwägbare. Denn hier liegt etwas Unwägbares vor. Wie soll man es dann erwägen? Mit dem Nichterwägen! Und das ist die wesenstiefe Kunst des Zazen.*

*Jetzt schwenkt man sich nach links und rechts, bis man felsenfest zurechtsitzt.* Man setzt den Körper in eine Pendelbewegung, zunächst in großen Schwingungen, dann aber mit immer kleinerer Schwingweite, bis der Körper zuletzt in der Mitte von selbst stillsteht. Dann sitzt man fest und kommt in den Zustand, wo man reglos wird wie ein Berg. Damit erst tritt man in die Sammlung (Konzentration) des Geistes ein. *Man erwäge dieses Unwägbare. Denn hier liegt etwas Unwägbares vor. Wie soll man es aber erwägen? Mit dem Nichterwägen!* Während man noch ein Anfänger ist, (was Anfänger bedeutet, hängt ab von dem Maßstab, den man anlegt) kommen beim Zazen verschiedene störende Gedanken in einem auf. Wenn man sich so einigermaßen ans Sitzen gewöhnt hat, so daß einen die Beine nicht mehr schmerzen, und man immer mehr Fassung gewinnt, wird man leicht schläfrig. Selbst solche, die ziemlich lange zu schlafen pflegen, geraten, auch wenn sie nicht geradezu schläfrig werden, leicht in den Zustand einer Art Abwesenheit bzw. Zerstreutheit. Wenn dabei dann mit einer gewissen Hartnäckigkeit störende Gedanken aufkommen, so reden wir von der Krankheit *der Verwirrung (sanran).* Wenn man in Schlafsucht oder Zerstreutheit gerät, so reden wir von der Krankheit *des Versinkens.* Beim Zazen soll das Bewußtsein nicht verschwinden, sondern in eine rechte, ordentliche Verfassung kommen, die diese beiden Zustände ausschließt. Unser Bewußtsein bewegt sich für gewöhnlich so eigenläufig im gewohnten Geleise, daß es sich nicht leicht kontrollieren läßt. Darum müssen wir lernen und wissen, wie wir den beiden Bewußtseinskrankheiten »Versinken« und »Verwirrung« entgehen. Sowohl Versinken als auch Verwirrung werden verschwinden, wenn wir vollen *Ernst* mit der Übung machen. Versetzen Sie sich einmal in einen ernsthaften Kampf! Es geht um »töten oder getötet werden«. Sie stehen schon mit gezücktem Degen Ihrem Gegner gegenüber. Jetzt kreuzen Sie die Degen. Was hilft Ihnen da die Ausrede, daß Sie nicht voll gegenwärtig, schläfrig und zerstreut seien, weil Sie heute nacht nicht gut geschlafen haben? In dieser Situation werden, auch wenn Sie niemals Zazen geübt haben, keinerlei störende Gedanken in Ihnen aufkommen. Auch nur ein Augenblick nachlassender Aufmerksamkeit, und Sie werden auf der Stelle niedergeschlagen! Und weil dem so ist, kann also jeder, wenn es ihm wirklich ernst wird, den Bewußtseinszustand erreichen, auf den es hier ankommt. Wenn ihm das nicht gelingt, so nur deshalb weil er nicht wirklich Ernst macht. Es ist eine schmerzliche Tatsache, daß es uns Gewöhnlichen so schwer fällt, beim Üben Zazen so ernst zu nehmen, wie es erforderlich ist. Umso notwendiger ist es, daß ein rechter Meister uns diese und jene Methoden des Übens beibringt, die zur rechten »Wachheit der Tiefe« hinführen. Darum heißt es: *Die wesenstiefe Kunst des Zazen.* Diese besteht nämlich darin, den Geist in den rechten Zustand zu setzen, der mit dem *Nichterwägen* bezeichnet wird. (Der Geisteszustand jenseits des Hin und Her gegensätzlicher Positionen). Damit ist das gemeint, worauf es für den Übenden während des Übens ankommt. Zwar spricht man von dem *Nichterwägen* auch als von dem Stand und der Lage eines Buddhas, aber das ist noch etwas anderes und äußerst Heikles, wovon hier keine Rede zu sein braucht.

*Das Zazen, von dem hier die Rede ist, ist nicht das schulmäßige Zen. Es ist vielmehr das Lehrtor zum rechten Befinden. Es ist die Übung zur restlosen Ergründung und Bewährung des bodhi. Alle Netze und Käfige werden fern von uns bleiben. Hat man das verstanden, so wird einem zumute sein wie einem Drachen, der Wasser erhält oder einem Tiger, der einen Berg zur Deckung hinterm Rücken hat. Jetzt wird man genau wissen, daß die rechte Lehre sich dann von selbst offenbart und das Versinken sowie die Verwirrung schon längst weggefallen sind.*

*Das schulmäßige Zen* meint jenes zähe Üben des Zazen, das in einen Zustand völliger Abwesenheit von Gedanken und Vorstellungen mündet, ja am Ende dazu führt, daß der Geist völlig stillsteht. Dies Zazen wird auch »mushinjo« (bewußtseinslose Sammlung) genannt. Aber das ist nicht das Zazen, das Dôgen empfiehlt. Er will vielmehr ein Zazen, das das *Lehrtor zum rechten Befinden ist* und das *die Übung zur restlosen Ergründung und Bewährung des bodhi* ist.

»*Das Lehrtor zum rechten Befinden*« heißt dieses Zazen, weil es ein Tor ist, durch das man ohne Unbehagen, ohne Gefahr für den Leib wie ohne Angst in der Seele in den rechten Weg (den Buddhaweg) eintreten kann. Von der *Bewährung* läßt sich aber erst dort sprechen, wo man fähig wird, die Erleuchtung in die Wirklichkeit umzusetzen d. h. im Alltag zu bewähren. Da erst ist man wirklich im bodhi, d. h. auf dem Buddha-Weg. Jedermann hat wohl eine gewisse Ahnung, daß es beim Zazen um eine Übung des Buddha-Wegs geht. Daß es aber dabei darum geht, die Erleuchtung *in die Wirklichkeit umzusetzen*, das wissen nur diejenigen, die über jeden Zweifel hinaus tief in den Buddha-Weg eingedrungen und darin wohlbewandert sind. Für gewöhnliche Laien aber ist es schon wertvoll, daß sie eine Ahnung haben.

*Alle Netze und Käfige werden fern von uns bleiben* bedeutet: Wir werden wirklich frei sein. Alle Netze und Käfige: alles was uns der Freiheit beraubt, und das bedeutet vor allem jene Form unseres Bewußtseins, die uns Gewöhnliche, Ungeübte allzuoft unfrei macht. Durch Zazen fallen die Irreführungen dieses (uns an Fixierungen festhaltenden und in Gegensätzen bewegenden) Bewußtseins allmählich von uns ab. Wir können immer mehr über die Freiheit aus dem Wesen verfügen, und wenn diese Freiheit auf wunderbare Weise schaltet und waltet, so können aus uns herrliche, wunderbare Menschen werden, die *einem Drachen, der Wasser erhält oder einem Tiger, der einen Berg zur Deckung hinterm Rücken hat*, zu vergleichen sind. Von dem Drachen erzählt die Sage, daß er, sobald er Wasser erhält, Wolken heraufziehen läßt und darauf reitend zum Himmel aufsteigt, um dort herrliche Wunder zu wirken. Wenn der Tiger, einen Berg hinterm Rücken, sich zur Wehr stellt, so wird niemand an ihn herangehen können, während das Tier in einem Käfig völlig hilflos ist. Durch Zazen wird jedem Menschen ein solches freies Schalten und mächtiges Walten und eine solche unumschränkte Autorität gegeben werden.

*Die Geschichte kennt Vorgänge genug, die zeigen, daß, wenn jemand über das Gewöhnliche sowohl wie das Heilige hinausgeht, alles von dieser Kraft abhängt. Die Wirkungen, die man mit einem Finger, einer*

*Fahnenstange, einer Nadel oder einem Hammer ausübt, sowohl wie die erleuchtungsmäßigen Übereinstimmungen, die man mit einem Wedel, einer Faust, einem Stab oder einem Ruf erzielt, können wir mit unserer Erwägung und unserem Verstand nicht erfassen. In ihnen bekunden sich Mächte jenseits von »Stimme und Farbe«. Aus ihnen sprechen Gesetzlichkeiten, die allem Wissen und aller Sicht vorangehen.*

Hier zieht Meister Dôgen Beispiele aus früheren Zeiten heran. *Über das Gewöhnliche wie das Heilige hinausgehen:* Um über das Niveau des »gewöhnlichen« Menschen hinauszugehen, muß man seine irrtümliche Verstelltheit entzweibrechen und die Bedingungen schaffen, unter denen er zur Erleuchtung kommen kann. Um über das Niveau des »heiligen« Menschen hinauszugelangen, muß man sich aber auch über die Sphäre der Erleuchtung hinausschwingen, um in eine noch höhere Sphäre und Stufe zu gelangen. Solange einem noch etwas vom Heiligen anhaftet, ist man nicht zum rechten (Buddha-) Weg gelangt. Wieviel weniger wird das der Fall sein, solange auch nur ein bißchen von der Macht des gewöhnlichen Bewußtseinstandes mit seiner Verstrickung im Gegenständlichen an einem haften bleibt.

*von dieser Kraft:* von der Kraft, die Zazen entbindet.

*mit einem Finger, einer Fahnenstange, einer Nadel oder einem Hammer:* Das bezieht sich alles auf Vorgänge aus der Geschichte des Zen. *mit einem Finger:* Es gab einen Meister, der nur seinen erhobenen Finger zeigte und damit »Erleuchtung« meinte; *mit einer Fahnenstange: Ein* Schüler erwachte in dem Augenblick, als er die Stimme seines Meisters hörte: »Nieder mit der Fahnenstange«; *mit einer Nadel:* Jemand drückte, als er zur Erleuchtung kam, sein Gefühl dadurch aus, daß er in die ihm dargebotene Tasse voll Wasser eine Nadel hineinlegte. *mit einem Hammer:* Jemand gab den tiefsten Sinn der Buddha-Lehre mit einem Hammerschlag kund. *mit einem Wedel, einer Faust, einem Stab oder einem Ruf:* Es kam früher nicht selten vor, daß ein Meister dem Schüler den Wedel vor die Nase hielt und damit den tiefsten Sinn der Lehre im Schüler entband, oder ihm die Faust hinhielt, damit Fragen und Antworten sich an ihr entwickelten. Auch ein Schlag mit dem Stab oder ein Anschrei hat dazu gedient, die Verdunkelung schwinden und das Licht aufgehen zu lassen. *die erleuchtungsmäßigen Übereinstimmungen:* Übereinstimmung der Erleuchtung des Schülers mit derjenigen, die der Meister von ihm erwartet. *Mächte jenseits von »Stimme und Farbe«, Gesetzlichkeiten, die allem Wissen und aller Sicht« vorangehen.* »Stimme und Farbe« steht für die Dinge der Außenwelt (bzw. die Welt der Gegenständlichkeit), »das Wissen und die Sicht« für die Weise des natürlichen Bewußtseins (des gegenständlich fixierenden Ich-Weltbewußtseins). Diese Gegenüberstellung von Welt und Bewußtsein macht klar, was diese Sätze hier sagen sollen: Die vielen wunderbaren Wirkungen, die aus dem Zazen hervorgehen, entstammen nicht der Welt der Gegensätze (z. B. von Materie und Geist), sondern einer Wirklichkeit, die jenseits aller Gegensätze ist, darum haben sie absolute Bedeutung wie die kosmischen Gesetze und Normen.

*Wenn dem so ist, so soll man nicht fragen, ob der Übende edel oder weise ist, gemein oder dumm, noch zwischen Scharfsinn und Stumpfsinn unterscheiden. Wenn der Mensch sich einzig und allein darum bemüht, so hat er damit geradezu den Weg gewonnen. Die Übung und Bewährung verleiht ihm als solche keinerlei Färbung. Jeder weitere Fortschritt ergibt ohne weiteres das Alltägliche.*

Wenn der Mensch sich einzig und allein darum bemüht, sein Verdienst um Zazen zu mehren, so ist das schon in sich selbst eine vollkommene Übung des Buddha-Weges, ja das Zazen selbst ist, recht verstanden, schon der Buddha-Weg selbst. Je mehr einer Zazen übt, desto mehr kommt es in ihm zu einer Verwandlung. Es geschieht ihm nichts in dem Sinn Besonderes, daß er und sein Leben nun eine nach außen hin sichtbare Neufärbung erhielten. Je mehr er aber Zazen übt, umso größere Fortschritte wird er in Stand und Lage seines Bewußtseins machen. (Er gewinnt eine neue Bewußtseinsstufe). Die Fortschritte auf dem Weg seiner Bewußtseinsverwandlung kennen zwar keine Grenzen. Und doch kann es nichts »Neues« geben, so weit er auch kommen mag. Leben bleibt Leben. Alltag bleibt Alltag. (Das Neue Bewußtsein hebt das Alte und den Alltag nicht auf. Es verwandelt nur seinen inneren Sinn).

*Überhaupt wird sowohl in der eigenen Welt als auch in den fremden Gegenden, sowohl in dem Westlichen Himmel als auch auf der Östlichen Erde das Buddha-Siegel gleicherweise aufrechterhalten und einzig und allein die Wahrheit und die Würde des Haupt- (oder Stamm-) vehikels zur vollen Auswirkung gebracht, und zwar dadurch, daß man sich mit dem Zazen beschäftigt und durch nichts an dem Stand und der Lage der*

*Felsenfestigkeit verhindert wird. Man spricht zwar von zehntausend Arten und tausend Weisen, trotzdem soll man sich aber einzig und allein am Zazen beteiligen und den (Buddha)-Weg zu verstehen suchen.*

*die eigene Welt:* diese unsere raumzeitliche Welt, in der Buddha erschien. *die fremden Gegenden:* das Reine Land Amitābha, das »Paradies«. *der Westliche Himmel:* Indien. *die Östliche Erde:* China und Japan. *sowohl in der eigenen Welt als auch in fremden Gegenden, sowohl in dem Westlichen Himmel als auch auf der Östlichen Erde* bedeutet also *überall.*
*Das Buddha-Siegel:* der unfehlbare Buddha-Weg. Siegel, weil es nach Sinn und Bedeutung so eindeutig und endgültig feststeht wie ein Siegel.
*Die Wahrheit und die Würde des Hauptvehikels* bedeutet hier: der letzte Sinn des Buddha-Weges. Wo immer es auch sei, wir können dem unfehlbaren Buddha-Weg nur dann treu bleiben und den letzten Sinn desselben frei und ungehemmt in unserem täglichen Leben bekunden, wenn wir uns mit Leib und Seele dem Zazen hingeben.
*Der Stand und die Lage der Felsen- (genauer: Berg-)festigkeit:* Gemeint ist mit diesem Satz, daß man durch das Zazen so sehr in der Haltung unerschütterlicher Ich-Losigkeit (Durchlässigkeit) gefestigt wird, daß man unausweichlich und fest wie ein Berg wird und nichts anderes tun kann, als den rechten Weg zu gehen. Ach, wenn doch wenigstens die Zen-Mönche auch unserer Tage sich in diesem Zustand befänden! Selbst sie sind aber oft albern genug zu behaupten, sie fänden wenig Zeit zum Zazen, weil sie angeblich durch viele kleinliche Angelegenheiten daran verhindert oder durch Fristung ihres nackten Lebens zu sehr abgehetzt oder aber für soziale Hilfen so vollauf in Anspruch genommen seien! So ist der Buddha-Weg heute in Gefahr!

*Warum verlaßt ihr die Bleibe in eurem eigenen Haus und irrt ohne Sinn an den staubigen Gegenständen entlang in fremden Ländern hin und her? Ein einziger falscher Schritt und ihr geht, das Gesuchte vor Augen, doch an diesem vorbei. Euch sind die tiefsten Funktionen des Menschenleibs vollständig zu eigen gegeben. Verbringt die Zeit nicht unnütz. Ihr habt, was zum Buddha-Weg gehört in euch. Wer von euch soll sich da noch an Feuersteinfunken ergötzen. Euer Körper ist einem Tautropfen auf einem Grasblatt und euer Schicksal einem Blitz ähnlich. Im Nu wird beides zunichte, im Husch ist beides vorbei.*

Wer Zazen nicht übt wird von außen bestimmt und in die Irre geführt wie einer, der sein eigenes Haus verließ und nun in fremden Ländern umherirrt. Was bringt ihm das ein? Darum heißt es: *Warum verlaßt ihr die Bleibe in eurem eigenen Haus und irrt an den verstaubten Gegenständen der Fremde hin und her? »Die verstaubten Gegenstände«:* Man spricht von den sechs Staubarten oder den sechs Gegenständen (Weisen der Vergegenständlichung). Das sind 1. Form, 2. Stimme, 3. Geruch, 4. Geschmack, 5. Tastgefühl und 6. was man sich im Kopf ausmalt. Sie heißen staubig, weil sie unser ursprüngliches Bewußtsein verunreinigen. Zazen bewahrt unser eigentliches Bewußtsein vor jedweder Verunreinigung durch die Vergegenständlichung oder stellt es wieder her.

Es ist zwar nicht möglich, sich des vergegenständlichenden Bewußtseins und seiner Grundformen überhaupt zu entledigen. Wenn es uns aber gelingt, statt von ihnen bestimmt zu werden, sie von uns aus in einer Weise zu bestimmen, die unserem eigentlichen Anliegen entspricht, dann kann es zu jener Strahlung kommen, die unserem tiefsten Wesen entspricht, und dann können wir endlich ein dem Absoluten entsprechendes Leben führen. Ob dies gelingt oder nicht, kann von einem einzigen Schritt abhängen; eine winzige Wendung und der eine Schritt führt in die Richtung, die die Übung des Zazen meint oder aber haarscharf an ihr vorbei. Dieses Entweder-Oder ist der Scheideweg zwischen Glück und Unglück.

*Die Funktion des Menschenleibes:* die herrlichen, dem leibhaftigen Menschen innewohnenden (dem Wesen gemäßen) Gebärden und Fähigkeiten, wie etwa die: in rechter Weise zu sitzen, Zazen zu üben oder die Erleuchtung zum Durchbruch kommen zu lassen, also transparent zu werden für das hervordrängende Licht.

*Feuersteinfunken:* etwas nur Augenblickliches, gemeint ist das menschliche Leben, mit allem, was an ihm vergänglich ist. Wozu sich gedankenlos daran verlieren, statt in sich das Überzeitliche zu suchen und Zazen zu üben. Kann man eigentlich den heiligen Buddha-Weg, der einem innewohnt und zu eigen gegeben ist, unbegangen und unentwickelt lassen?

*euer Körper:* unser Leib zerfällt so leicht wie der Tautropfen, der auf einem Grasblatt liegt, und unser Leben vergeht wie der Blitz, ist nur im Vorübergehen und nie kann man mit Gewißheit sagen, was im nächsten Augenblick sein wird. Darum der nächste Satz: *Im Nu wird beides zunichte. Im Husch geht beides verloren.*

*Ihr, auf die es ankommt und die ihr euch am Zazen beteiligt und den Weg lernt, ihr sollt euch weder an denen, die am Elefanten herumtasten, ein Beispiel nehmen, noch gegenüber dem wahren Drachen erschrecken. Ihr sollt ohne Unterlaß auf dem Weg weiterstreben, der direkt ins Zentrum führt und euch voll Verehrung an solche Menschen halten, die über alle Lehren erhaben und frei von aller Künstlichkeit sind. Ihr sollt dem von Buddha zu Buddha überlieferten Bodhi genau entsprechen, und das von Patriarch zu Patriarch überlieferte Samadhi auf rechte Weise ererben. Bemüht ihr euch darum lange genug, so werdet ihr es auch erreichen. Die Schatzkammer wird sich von selbst auftun, so daß ihr darüber verfügen könnt, wie euch immer beliebt.*

Nun sind wir am Schluß angelangt: *Diejenigen, die den Elefanten antasten:* Ein Gleichnis aus einem Sutra spricht davon, daß einige Blinde an einem Elefanten herumtasteten, um sich ein Urteil darüber zu bilden, wie dieses Tier wohl aussieht. Jeder schloß von der Stelle aus, an der er es berührte, auf das Ganze des Tieres, doch konnte so selbstverständlich keiner das Richtige treffen. Ebenso sollen wir uns nicht damit begnügen, einen Teil vom Zen kennenzulernen. Wir sollen in das wahre Ganze und in die ganze Wahrheit, die Zen bedeutet, eindringen und nicht wie diese Elefantentaster an dieser oder jener Erscheinungsform hängen bleiben. *sich über den wirklichen Drachen nicht verwundern:* Es war einmal ein Mann aus China, der hieß Sekkô: Sekkô hatte Drachen gern und sammelte Drachenbilder, Drachenmuster, Drachenschmuck und vergnügte sich an ihrem Anblick. Das erregte in einem wirklichen Drachen solche Sympathie, daß er eines Tages zum Fenster hinein in Sekkôs Stube guckte. Dieser erschrak beim Anblick des wirklichen Drachens so, daß er in Ohnmacht fiel. Sich auf diese Sage berufend, warnt der Verfasser davor, uns an allerlei Vorstellungen und Bildern der Buddha-Wahrheit zu erfreuen und dann vor Zazen, das die echte Buddha-Lehre verkörpert, zurückzuschrecken. *der Weg, der direkt ins Zentrum trifft:* Dieser Weg ist das Zazen. Im Zazen wird nicht umständlich um die Sache herumgeredet, sondern ohne Umschweife führt Zazen auf den Buddha-Weg selbst. *solche Menschen, die über alle Lehren erhaben und frei von aller Kunst sind,* das sind solche, die sich von der Erleuchtung haben verwandeln lassen. Im Buddhismus spricht man von Shûgaku und meint damit das geistesgeschichtlich-theoretische Studium der Lehren. Zetzugaku (Erhabenheit über alle Lehren) bedeutet dagegen, daß einem die wahre, auf allen Denk-Wegen unzugängliche Wirklichkeit aufgeht, und zwar weil es zur Großen Erleuchtung kam und man nun auf dem rechten Weg in sie eindringt. Wenn der Mensch immer und immer wieder die Erleuchtung erlebt, dann kommt er schließlich über das Erleuchtungs*erlebnis* hinaus zu einer *Verwandlung*, in der er wieder ganz schlicht geworden ist. Niemand sieht ihm eine »Erleuchtung« an. Aber so erst ist er wirklich fähig, das Große Leben zu leben und davon zu zeugen. Das nennt man »mui« (kunstlos). »Mui« ist das Leben der Großen Natur. So auch ist das Leben des Verwandelten; da ist nichts Künstliches, nichts Gemachtes mehr dran.

## *ÜBER DIE ÜBUNG DES ZEN*

*Vorlesungen von Zen-Meister Hakuun Yasutani Roshi*[1]*),*
*englische Übersetzung von Philipp Kapleau,*
*aus dem Englischen übertragen von G. von Minden.*

### *THEORIE UND PRAXIS DES ZEN*

Worüber ich zu Ihnen spreche, gründet sich auf die Lehren meines verehrten Meisters Harada Sogaku Rōshi[2]) Niemand vor ihm, in der Rinzai- oder der Soto-Sekte des Zen, hat sich mit dem Zazen in so eingehender Weise befaßt wie er. Harada Rōshi gehörte ursprünglich der Soto-Sekte des Zen-Buddhismus an, aber als er als junger Mönch in der Soto-Sekte keinen wirklich vollendeten Meister finden konnte, begab er sich nach Shogenji, in ein Kloster der Rinzai-Sekte, und erreichte dort unter der Führung von Kogen Shitsu Dokutan Rōshi, einem berühmten Meister der Rinzai-Sekte, einige Jahre später den Zustand der Lösung des tiefsten Geheimnisses des Zen.

Obgleich man sich selbst der Zen-Übung und der Zen-Disziplin unterziehen muß, um Zazen wirklich verstehen zu können, vertrat Harada Rōshi die Auffassung, daß der moderne Geist in einer Weise fortgeschritten sei, daß Vorlesungen, wie die von ihm gehaltenen, für Anfänger als Vorbereitung für die Übungen des Zen sehr von Nutzen sind. Nirgendwo in Japan wird man die Lehre des Zen so genau und so knapp dargelegt finden wie im Kloster Harada Rōshis. Nachdem ich zwanzig Jahre lang ein Schüler gewesen war, gelang es mir, dank ihm,

---

1) Diese Vorlesungen von Hakuun Yasutani wurden von Philipp Kapleau gesammelt und ins Englische übertragen. Mit seiner Erlaubnis wurden die hier wiedergegebenen Abschnitte seinem Buch „Zen Practice and Attainment" entnommen, das in Kürze erscheinen wird. An einigen Stellen finden sich Wiederholungen von Sätzen und Bildern aus dem »Fukan-Zazen-Gi«. Dies ist ein für uns aufschlußreiches, typisches Beispiel für die Kraft östlicher Tradition. Noch nach siebenhundert Jahren haben die Worte und Weisungen des Meisters ihre bleibende und verpflichtende Bedeutung.

2) Auch unter dem Namen Harada Daiun (1870—1961) bekannt. Die Bezeichnung Roshi heißt wörtlich »verehrungswürdiger Lehrer«. Daiun heißt »Große Wolke«, während Yasutani Roshi's Name Hakuun »Weiße Wolke« bedeutet.

mein geistiges Auge in gewissem Umfange zu öffnen. Die buddhistischen Weisheitslehren und die buddhistische Philosophie sind lediglich theoretische Aspekte des Zen, während das Zazen die praktische Demonstration seines eigentlichen Kerngehaltes darstellt. Ich werde mich darauf beschränken, aus diesem in Wahrheit unbegrenzten Gebiet nur einiges von dem anzudeuten, was für die Übung am wesentlichsten ist.

Wir beginnen mit dem O-Shaka Sama[1]). Wie Ihnen sicher bekannt ist, begann Shakyamuni Buddha mit dem Weg der Askese, unterzog sich schrecklichen Qualen und Entbehrungen, wie sie andere vor ihm nicht versucht hatten, einschließlich verlängertem Fasten. Aber die Erleuchtung erreichte er auf diesem Wege nicht. Halbtot vor Hunger und Erschöpfung begann er die Vergeblichkeit eines Strebens einzusehen, das nur in den Tod münden konnte. So trank er eines Tages die Milch, die ihm angeboten wurde, stellte seine Gesundheit wieder her und entschloß sich, einen mittleren Weg zwischen Selbstquälerei und Selbstverwöhnung zu beschreiten. Danach widmete er sich sechs Jahre lang nur noch dem Zazen und erlangte an einem Dezember-Morgen in dem Augenblick, als er am östlichen Himmel den Planeten Venus erblickte, die vollkommene Erleuchtung. Alles dies halten wir für wahre geschichtliche Überlieferung.

Die Worte, die Buddha spontan in diesem Augenblick äußerte, sind in den chinesischen Schriften in verschiedener Weise wiedergegeben. Nach der Überlieferung des Kegon (Avatamsaka Sutra) brach im Moment der Erleuchtung der folgende Ausruf von seinen Lippen: »Wunder über Wunder! Alle Wesen sind zutiefst im Kern ihres Wesens Buddha, mit Weisheit und Tugend begabt, aber die Menschen können das nicht erkennen, weil in ihrem Geist durch Täuschung das Unterste zu oberst gekehrt ist!« Buddhas erste Äußerung scheint eine Äußerung der Ehrfurcht und der Überraschung gewesen zu sein. Wie wundervoll, daß alle menschlichen Wesen, seien sie nun klug oder dumm, männlich oder weiblich, häßlich oder schön, so wie sie sind, ganz und vollständig sind! Das will besagen, daß das Wesen jedes einzelnen an sich ohne Fehl und vollkommen ist.

Dies ist die erste Erklärung von Shakyamuni Buddha und die letzte Schlußfolgerung des Buddhismus.

---

[1]) Die liebevolle, aber gleichzeitig respektvolle Bezeichnung für Shakyamuni Buddha, die überlieferungsgemäß im Japanischen verwendet wird.

Und doch lebt der Mensch, rastlos und in Angst, in einer halbverrückten Existenzform, weil sein durch Wahn und Täuschung so sehr verstellter Geist vollkommen durcheinander ist. Das Problem besteht darin, zu unserer ursprünglichen Vollkommenheit zurückzufinden, das falsche Bild von uns selbst als unvollständig und sündig zu durchschauen und zu der uns eingeborenen Reinheit und Ganzheit zu erwachen.

Das beste Mittel, dies zu erreichen, ist das Zazen. Nicht nur Shakyamuni Buddha, sondern auch viele seiner Schüler erreichten die Erleuchtung durch Zazen. Und darüber hinaus haben während der 2500 Jahre seit seinem Tode unzählige seiner Anhänger in Indien, China und Japan mit dem gleichen Schlüssel Verwirklichung erzielt und so die tiefsten Fragen des Lebens und der Welt beantwortet. Auch heute gibt es viele Menschen, die Sorge und Angst hinter sich gelassen haben und zu sich selbst frei geworden sind durch Zazen.

Zwischen einem Nyorai (einem Buddha, der die höchste Vollkommenheit der Persönlichkeit erreicht hat) und uns, die wir uns selbst als ganz gewöhnliche Menschen ansehen, besteht der Wesenssubstanz nach, kein Unterschied. Diese Substanz kann dem Wasser verglichen werden. Die charakteristische Besonderheit von Wasser ist die Anpassungsfähigkeit. Wenn man es in ein viereckiges Gefäß schüttet, so wird es viereckig; wenn man es in ein rundes Gefäß schüttet, wird es rund. Wir alle haben potentiell die gleiche Wandlungsfähigkeit. Da wir aber in Unwissenheit unserer wahren Natur dahinleben, bleiben wir gebunden und gefesselt. Um unser Gleichnis weiter fortzuführen: die Persönlichkeit eines Buddha hat die Eigenart eines Wassers, das ruhig, tief und kristallklar ist, so daß der Mond der Wahrheit sich voll und vollkommen in seiner Oberfläche wiederspiegelt. Demgegenüber ist der Charakter des gewöhnlichen Menschen trübe, aufgewühlt von den Winden trügerischer Gedanken und nicht mehr imstande, den Mond der Wahrheit zu spiegeln. Trotzdem scheint der Mond stetig auf die Wellen. Weil aber das Wasser unruhig ist, können wir seine Spiegelung nicht wahrnehmen.

Was können wir tun, damit der Mond der Wahrheit unser Leben und uns selbst voll erleuchten kann? Zuerst müssen wir das »Wasser« reinigen. Wir müssen die stürmischen Wogen beruhigen, indem wir die Winde unsteten Denkens zum Stillstand bringen. Mit anderen Worten wir müssen unseren Geist von dem, was der Kegon[1]) das »begriffliche

---

[1]) Eine Sekte des Buddhismus.

Denken des Menschen« nennt, leeren. Die meisten Menschen werten das abstrakte Denken sehr hoch, aber der Buddhismus hat klar erkannt, daß das unterscheidende Denken an der Wurzel der Täuschung liegt.

Jemand hat einmal gesagt: »Das Denken ist die Krankheit des menschlichen Geistes«. Vom buddhistischen Standpunkt aus gesehen, ist dieses Wort richtig. Gewiß, abstraktes Denken ist nützlich, wenn es weise gehandhabt wird — d. h. wenn seine Natur und seine Grenzen klar verstanden werden —, wenn die Menschen aber zu Sklaven ihres Intellekts werden, in ihm befangen und von ihm bestimmt sind, kann man sie mit Recht als krank bezeichnen. Alles, was gedacht wird, ob es uns herauf- oder herabzieht, ist veränderlich und unbeständig, hat Anfang und Ende, selbst, wenn wir es nicht merken, weil es sich unseren eigenen Wandlungen einfügt. Dies gilt genauso für die Gedanken eines ganzen Zeitalters wie für die Gedanken eines einzelnen Menschen. Im Buddhismus heißt darum das Denken »Strom von Tod und Leben«. In diesem Zusammenhang ist es wichtig, die Rolle vorübergehender Gedanken von der Rolle der Begriffe zu unterscheiden. Flüchtige Gedanken, die immerzu an die Oberfläche des Geistes kommen, sind verhältnismäßig harmlos; aber Ideologien, Glaubensvorstellungen, Meinungen, feststehende Gesichtspunkte und dergleichen, die im Wesentlichen aus logischem Denken und Sinnesempfindungen stammen, (ebenso wie aus dem uns von außen zufließenden, seit der Geburt erworbenen Wissen, an dem wir dann haften), sind die Schleier, welche das Licht der Wahrheit verhüllen.

Solange das kostbare Wasser unseres Wesens noch von den Winden des Denkens gestört wird, können wir Wahrheit von Lüge nicht unterscheiden; darum ist es unerläßlich, die Winde zur Ruhe zu bringen. Sobald die Winde zum Stillstand gekommen sind, beruhigen sich die Wellen, aus Trübheit wird Klarheit, und dann können wir ganz unmittelbar entdecken, daß der Mond der Wahrheit während der ganzen Zeit geleuchtet hat! Der Augenblick dieser Enkenntnis heißt *Kensho* oder *Satori,* Erleuchtung, d. h. Erfahrung der wahren Natur unseres Wesens. Während politische und philosophische Begriffe von kurzer Dauer sind, ist das, was in solcher Erkenntnis, im wahren Satori, wahrgenommen wird, unvergänglich. Und mit Satori sind wir dann auch imstande, ungetrübt durch Verwirrung und Unruhe, in innerem Frieden und in Würde und Harmonie mit unserer Umwelt zu leben.

Soviel über die Bedeutung von Zazen. Nun zur Übung selbst.

## *DIE TECHNIK DER ÜBUNG*

Zuerst einmal müssen Sie sich zum Sitzen einen ruhigen Raum wählen. Nehmen Sie ein nicht allzu weiches Polster von etwa 35 Zoll im Quadrat, und legen Sie ein kleines kreisförmiges Kissen von etwa 12 Zoll Durchmesser darauf. Setzen Sie sich auf das Kissen, und lassen Sie Ihre Beine auf dem Polster ruhen. Man sollte nicht Hosen tragen, die das Kreuzen der Beine erschweren. Aus mancherlei Gründen ist es am besten, in der vorschriftsmäßigen buddhistischen Haltung zu sitzen (*kekka fusa*). Dazu muß man den rechten Fuß über den linken Schenkel und dann den linken Fuß über den rechten Schenkel legen. Die Hauptsache bei dieser Art des Sitzens ist es, daß man vollständige Festigkeit der Haltung erzielt, indem man eine weite, solide Basis erstellt, auf dieser Basis die Beine kreuzt, wobei beide Knie das Polster berühren. Mit der auf diese Weise eintretenden Unbeweglichkeit des Leibes werden auch die Gedanken nicht mehr durch irgendeine körperliche Bewegung angeregt, und wie von selbst wird auch der Geist ganz still. Wem es, weil es zu sehr schmerzt, zu schwer fällt, in dieser Stellung zu sitzen, sitze »hanka fusa«, d. h. beschränke sich darauf, den linken Fuß über den rechten Schenkel zu legen. Für den mit dem Zazen völlig unvertrauten Abendländer kann auch diese Stellung noch schwierig sein. Denn die Knie bleiben nicht unten, und man wird immer wieder das eine oder auch beide Knie herunterdrücken müssen, bevor man so zu sitzen lernt, daß beide auf dem Polster aufliegen. Wer weder kekka noch hanka fusa sitzen kann, der möge die Beine in gewöhnlicher Weise kreuzen oder einfach einen Stuhl benutzen.

Der nächste Schritt besteht darin, den Rücken der rechten Hand in den Schoß zu legen, wobei der Rücken der linken Hand in der Handfläche der rechten ruht. Bilden Sie mit den Daumen einen Ring, indem Sie die Spitze der Daumen einander berühren lassen. Und nun muß man wissen: Die rechte Seite des Leibes ist der aktive Pol, die linke der passive. Üben wir mit dem linken Fuß auf dem rechten, so unterdrücken wir den aktiven Pol, um so den höchsten Grad an Stille zu erreichen. Wenn Sie indessen ein Bild des Buddha betrachten, werden Sie feststellen, daß seine Haltung genau die entgegengesetzte ist: der rechte Fuß liegt oben! Dies ist so zu deuten, daß, im Unterschied zu uns, ein Buddha immer in Bewegung ist, andere zu retten.

Nachdem Sie Ihre Beine gekreuzt haben, biegen Sie sich nach vorn und drücken ihr Gesäß nach hinten und kehren dann langsam zu einer aufrechten Haltung zurück. Der Kopf sollte gerade gehalten werden, so daß, wenn jemand Sie von der Seite ansieht, sich Ihre Ohren senkrecht über den Schultern befinden und Ihre Nasenspitze senkrecht über dem Nabel. Von der Taille aufwärts sollte Ihr Körper schwerelos und frei von Druck oder Anstrengung sein. Halten Sie Ihre Augen offen und Ihren Mund geschlossen. Mit geschlossenen Augen fällt man leicht in einen stumpfen, träumerischen Zustand. Der Blick soll aber gesenkt sein und nicht auf etwas Besonderes gerichtet. Die Erfahrung hat gelehrt, daß der Geist am ruhigsten und am freiesten von Anstrengung oder Müdigkeit ist, wenn die Augen in dieser Weise gesenkt bleiben.

Die Wirbelsäule sollte stets aufrecht sein. Diese Vorschrift ist besonders wichtig. Wenn der Körper zusammensackt, wird nicht nur ein übermäßiger Druck auf die inneren Organe ausgeübt und deren freie Tätigkeit beeinträchtigt, sondern die Wirbel können unter Erzeugung verschiedenster Belastungen auf die Nerven drücken. Da Geist und Körper eins sind, führt jede Beeinträchtigung des Körpers unausweichlich auch zu einer Beeinträchtigung des Geistes, so daß die Klarheit und »Einspitzigkeit«, die für eine wirksame Konzentration entscheidend sind, gefährdet werden. Vom Standpunkt des Werdens und Reifens aus gesehen, ist dabei eine »Ladestock-Aufgerichtetheit« ebenso unerwünscht wie eine schlaffe Haltung. Denn jene ist der Ausdruck einer übermäßigen Selbstbetonung, diese dagegen Ausdruck eines »elenden« Sichgehenlassens. Da beide Haltungen im kleinen Ich begründet sind, sind sie beide gleichermaßen ein Hindernis auf dem Wege der Erleuchtung. Denken Sie stets daran, den Kopf hochzuhalten; wenn sich der Kopf nach vorn oder hinten oder auf eine Seite neigt und in dieser Fehlhaltung längere Zeit verbleibt, werden Sie im Nacken einen Krampf bekommen.

Wenn Sie sich in der rechten Haltung festgesetzt haben, dann atmen Sie einmal tief ein, halten den Atem einen Augenblick an, lassen dann den Atem wieder langsam und ruhig ausfließen. Das wiederholen Sie zwei- oder dreimal, dabei immer durch die Nase atmen. Dann überlassen Sie den Atem seinem natürlichen Gang. Wenn Sie sich an Zazen gewöhnt haben, wird eine bewußte Einatmung zu Beginn der Übung ausreichen. Dann biegen Sie Ihren Körper, soweit Sie können, zuerst nach rechts, dann nach links, etwa sieben oder acht Mal, schwingen ihn dann in immer kleiner werdenden Kreisen, bis der Rumpf schließlich ganz von selbst in aufrechter Stellung zur Ruhe kommt.

Viele gute »Konzentrationsmethoden« sind uns von unseren Vorgängern im Zen überliefert. Unter diesen ist für Anfänger die einfachste das Zählen der Atemzüge beim Ein- und Ausatmen. Der Wert dieser besonderen Methode liegt darin, daß alle Überlegung ausgeschaltet ist und das begriffliche Denken zur Ruhe gebracht wird. Die Wogen des Denkens glätten sich, und allmählich kommt eine eindeutige Gerichtetheit des Geistes zustande. Man beginnt damit, das Einatmen und das Ausatmen gesondert zu zählen. Also beim Einatmen konzentriert »1«, beim Ausatmen »2«, beim Wiedereinatmen «3« denken und so fort bis »10«! Dann wieder mit »1« anfangen usw.

Wie schon oben erwähnt, sind flüchtig im Geist auftauchende Gedanken in sich selbst keine Hindernisse. Das ist leider nicht allgemein bekannt. Selbst Japaner, die Zen fünf oder noch mehr Jahre lang studiert oder geübt haben, verstehen Zen irrtümlicherweise oft als ein Still-Stehen jeglichen Bewußtsein. Zwar gibt es in der Tat eine Art des Zen, die gerade das erreichen möchte, aber dies entspricht nicht der Überlieferung des Zen-Buddhismus. Man muß sich darüber klar sein, daß, wenn man auch noch so darauf bedacht ist, nichts anderes zu tun, als die Atemzüge zu zählen, man trotzdem Dinge sehen und Geräusche hören wird, einfach, weil die Augen ja geöffnet und die Ohren nicht verstopft sind. Und da auch das Gehirn sich nicht im Schlafzustand befindet, werden die verschiedensten Gedanken sich in unserem Geist tummeln. Wenn man diese Gedanken zensiert, sei es als gut oder böse, oder gar versucht, sie zu hemmen oder zu zerstreuen, so wird man die Zazen-Übung gerade dadurch in bedenklicher Weise stören. Wenn ich sage, daß diese Gedanken kein Hindernis für Zazen darstellen, meine ich damit, daß sie nicht die Wirksamkeit des Zen herabmindern, solange man sie nicht *als* ein Hindernis ansieht und sich abmüht, sie auszuschalten. Auf der anderen Seite stellen sie aber auch keine Hilfe dar, so daß es nicht richtig wäre, sich an sie zu hängen. Also: Weder irgendwelche Wahrnehmungen oder Empfindungen als Hindernisse für Zazen ansehen, noch ihnen nachhängen. »Nachhängen« soll lediglich heißen, daß im Akt des Schauens der Geist unwillkürlich am Objekt haftet, im Akt des Hörens bei Geräuschen verweilt, und im Denkvorgang mit Ideen spielt. Wenn man sich aber dadurch ablenken läßt, wird die Konzentration auf das Zählen der Atemzüge beeinträchtigt.

Um noch einmal zu wiederholen: Lassen Sie auftauchende Gedanken kommen und gehen nach Belieben. Geben Sie sich nicht mit ihnen ab und versuchen Sie auch nicht, sie zu verjagen. Konzentrieren Sie einfach Ihre ganze Energie allein darauf, Ihre Atemzüge beim Aus- und Einatmen zu zählen.

Wenn Sie eine Sitzung beenden, so stehen Sie nicht abrupt auf. Fangen Sie damit an, sich von einer Seite zur anderen zu wiegen, erst in kleinen Schwingungen, dann in größeren, etwa ein halbdutzend Mal. Sie werden dann bemerken, daß bei dieser Übung Ihre Bewegungen das Gegenstück zu denen sind, die Sie zu Beginn der Übung gemacht haben. Erheben Sie sich langsam, und schreiten Sie ruhig in jener Gehweise des Zazen einher, die *Kinhin* genannt wird. Das macht man so: Die rechte Faust wird mit dem Daumen im Innern der Hand auf die Brust gelegt und mit der Innenfläche der linken Hand bedeckt. Die Ellenbogen bilden etwa einen rechten Winkel. Die Arme werden in einer geraden Linie gehalten (also nicht zum Körper zurückgebogen), die Augen auf einen Punkt etwa zwei Meter vor den Füßen gerichtet. Während man langsam im Raum herumgeht, geht das Zählen der Atmung beim Ein- und Ausatmen weiter. Man tritt mit dem linken Fuß an und geht so, daß der Fuß mit dem Hacken aufsetzt und dann zur Fußspitze hin gleichsam in den Boden sinkt. Schreiten Sie langsam und stetig mit Haltung und Würde. Sie dürfen nicht zerstreut herumgehen, sondern mit voller Präsenz, gespannten Geistes und auf das Zählen konzentriert. Es empfiehlt sich, dieses Schreiten mindestens fünf Minuten lang durchzuführen, nach jeder Sitzperiode von zwanzig bis dreißig Minuten. Sie müssen sich dieses Schreiten als ein »Zazen in der Bewegung« vorstellen. Dabei gibt es zwischen der Rinzai- und Soto-Sekte einen großen Unterschied in der Art und Weise des Kinhin. Die Anhänger des Rinzai schreiten mit großem Energieaufwand und gehen dabei ziemlich schnell, während man sich in der Überlieferung des Soto langsam und gemächlich bewegt, wobei jeder Atemzug den Fuß nur etwa sechs Zoll vorwärtsbewegt. Mein eigener Lehrer Harada Rōshi hat eine Methode befürwortet, die etwa in der Mitte liegt. Ein anderer Unterschied ist, daß bei der Rinzai-Sekte die linke Hand die rechte bedeckt, während beim orthodoxen Soto die rechte Hand zuoberst liegt. Nach Harada Rōshis Auffassung ist diese Rinzai-Methode die geeignetste, und er übernahm sie in seine eigne Lehre. Das Gehen lockert die Beine wieder, nachdem sie steif und schmerzend geworden waren.

## *Vorsichtsmaßregeln im Zazen*

Es empfiehlt sich, beim Sitzen einer Mauer, einem Vorhang oder einem ähnlichen Objekt gegenüber zu sitzen. Setzen Sie sich nicht zu weit davon weg, auch nicht so nah, daß Sie es fast mit der Nase berühren. Die beste Entfernung ist etwa zwei bis drei Fuß. Wenn Sie so sitzen, daß Sie wie in eine weite Entfernung blicken, werden Sie es schwierig finden, Ihren Geist zur Ruhe zu bringen. Wenn Sie auf eine hübsche Landschaft blicken, werden Sie Lust bekommen, aufzustehen, und sie ab und zu zu bewundern. Es ist in diesem Zusammenhang wichtig, sich daran zu erinnern, daß die Augen zwar geöffnet sind, aber nicht »um« etwas zu sehen. Aus allen diesen Gründen ist es am besten, sich mit dem Gesicht zu einer Wand zu setzen.

Versuchen Sie am Anfang einen Raum zu wählen, der ruhig, sauber und ordentlich ist und den Sie als geheiligt ansehen können. Man könnte fragen, ob es zulässig wäre, Zen auf einem Bett zu üben, solange der Raum nur sauber und still ist. Für die gesunde Normal-Person würde ich diese Frage mit Nein beantworten; es gibt eine ganze Reihe von Gründen, die es schwierig machen, auf einem Bett in die rechte Spannung zu kommen, obgleich es für einen Kranken einmal unvermeidbar sein mag.

Wahrscheinlich werden Sie herausfinden, daß natürliche Geräusche, wie die von Insekten, Vögeln oder fließendem Wasser, nicht stören; genausowenig wie das rhythmische Ticken einer Uhr oder das Surren eines Motors. Plötzliche Gräusche dagegen, wie z. B. das Aufheulen eines Düsentriebwerkes, sind immer nachteilig. Von rhythmischen Geräuschen kann man jedoch mit Nutzen Gebrauch machen. Einer meiner Schüler erzielte sogar die Erleuchtung, indem er das Geräusch des Stampfens von Reis benutzte, während er Zen übte. Die für die Übung fatalsten Geräusche sind die der menschlichen Stimme, sei es, daß man sie direkt oder über Radio und Fernsehen hört. Versuchen Sie daher, wenn Sie mit Zazen beginnen, einen von Geräuschen dieser Art freien Raum zu bekommen. Ist das Sitzen einmal zu einer gewissen Reife gelangt, ist es gleich, was für Geräusche um einen herum sind.

Den Raum, in dem man übt, soll man nicht nur sauber und in Ordnung halten, sondern auch mit Blumen schmücken und Weihrauch verbrennen: das erzeugt ein Gefühl von etwas Reinem und Heiligen und macht es leichter, mit Zazen eins zu werden und den Geist schnell zur Ruhe zu bringen. Was die Kleidung angeht, so sollte man sich möglichst nicht in der Kleidung niedersetzen, die man zufällig trägt, sondern ein Gewand anlegen, das einem ein Gefühl einer gewissen Würde und Reinheit vermittelt. Wenn man Zazen am Abend übt, ist es besser, nicht schon das Nachtgewand zu tragen. Aber jedenfalls wasche man sich und richte sich ordentlich her.

Der Raum sollte nicht zu hell und nicht zu dunkel sein. Sie können einen dunklen Vorhang vorziehen, wenn es zu hell ist, oder Sie können eine kleine elektrische Birne benutzen, wenn es Nacht ist. Wenn der Raum zu dunkel ist, so ist das das Gleiche, als würden Sie Ihre Augen geschlossen halten, wodurch alles dunkel wird. Denken Sie immer daran, daß es dem buddhistischen Zazen nicht darum geht, den Geist inaktiv zu machen, sondern darum, ihn still werden zu lassen und zu einigen inmitten aller Tätigkeit. Das Beste ist eine Art von Zwielicht.

Ideal ist auch ein Raum, der im Sommer nicht zu heiß und im Winter nicht zu kalt ist. Es ist nicht der Sinn von Zazen, den Leib zu züchtigen. Daher brauchen Sie sich nicht den Extremen von Hitze und Kälte auszusetzen. Die Erfahrung hat indessen gezeigt, daß man Zazen am besten üben kann, wenn es etwas kühl ist. Wenn man in einem heißen Raum sitzt, so wird man schläfrig werden. In dem Maße, als der Eifer für Zazen zunimmt, wird man natürlich gegen Kälte oder Hitze unempfindlich werden.

Lassen Sie uns jetzt darüber sprechen, zu welcher Tageszeit man am besten Zazen übt. Für denjenigen, der eifrig und zielstrebig ist, wird jede Tageszeit und jede Jahreszeit gleich geeignet sein. Aber für diejenigen, die in Stellungen oder Berufen arbeiten, ist die beste Zeit entweder morgens oder abends oder beides. Versuchen Sie am Morgen zu sitzen, am besten vor dem Frühstück, und bevor Sie abends ins Bett gehen. Wenn Sie nur einmal sitzen können (und Sie sollten mindestens einmal am Tage sitzen), werden Sie sich die relativen Vorzüge einer morgend- oder abendlichen Übungsweise zu überlegen haben. Jede hat ihre Vorteile und ihre Nachteile. Wenn Sie der Überzeugung sind, daß morgens und abends für Sie in gleicher Weise geeignet ist, und wenn Sie nur einmal am Tage sitzen können, würde ich Ihnen den Morgen empfehlen. Am frühen Morgen kommen keine Besucher, während Sie am Abend wahrscheinlich des öfteren gestört werden. Am Morgen ist es, zumindest in einer Großstadt, viel ruhiger als am Abend. Ein anderer Grund ist, daß Sie am Morgen etwas hungrig sind, und das ist eine gute Voraussetzung für Zazen, während Sie am Abend, wenn Sie ein Essen zu sich genommen haben, vermutlich ein wenig zur Stumpfheit neigen. Da es schwierig ist, Zazen mit einem vollen Magen zu üben, ist es besser, nicht unmittelbar nach einer Mahlzeit zu sitzen. Vor einer Mahlzeit kann Zazen indessen vorteilhaft geübt werden. Wenn Ihr Eifer wächst, ist es nicht so wichtig, zu welchem Zeitpunkt Sie sitzen, vor, nach oder während einer Mahlzeit. Die oben erwähnten Regeln sind also nur für Anfänger bestimmt.

Wie lange sollte man jedesmal Zazen üben? Dafür gibt es keine allgemeine Regel, denn die Zeitdauer richtet sich nach dem Maß des Übungseifers, ebenso wie nach dem Reifegrad der Übung. Für Anfänger ist aber eine nicht zu lange Übungszeit besser. Wenn Sie unbeirrbar einen Monat zweimal täglich fünf Minuten sitzen, werden Sie Ihre Sitzdauer, wenn Ihr Eifer wächst, auf zehn oder mehr Minuten ausdehnen wollen. Wenn Sie imstande sind, ohne Schmerz oder Unbequemlichkeit mit angespanntem Geist dreißig Minuten lang zu sitzen, werden Sie bald das Gefühl der Stille und des Wohlseins schätzen lernen, das durch Zazen hervorgerufen wird und auch den Wunsch haben, an der regelmäßigen Übung festzuhalten. Aus diesen Gründen empfehle ich, daß Anfänger nur für kurze Zeiträume sitzen.

Wenn man sich dagegen von Anfang an dazu zwingt, lange Zeiten zu sitzen, wird der Schmerz in den Beinen unerträglich werden, bevor man still im Geist geworden ist. Und dann wird man schnell des Zazen überdrüssig und wird das Gefühl bekommen, es sei eine Zeitverschwendung, oder aber dauernd auf die Uhr schauen. Am Ende wird man dann eine Abneigung gegen das Zazen bekommen und schließlich das Sitzen überhaupt einstellen. Das geschieht recht oft. Ungeachtet der Tatsache, daß man sich mit etwa zehn Minuten Sitzen begnügen darf, kann man die Kürze des Sitzens dadurch ausgleichen, daß man jeden Atemzug mit ungeheurer Konzentration und Entschlossenheit zählt und dadurch die Wirksamkeit der Übung erhöht, und nicht etwa die Atemzüge zerstreut oder mechanisch zählt, als sei das Ganze nichts als eine unangenehme Pflicht.

Selbst wenn Sie sich an Zazen bis zu einem Punkt gewöhnt haben, wo Sie leicht für eine Stunde oder mehr ohne Unterbrechung und mit einem Gefühl köstlicher Stille sitzen können, ist es doch ratsam, Ihre

Sitzung auf etwa dreißig bis vierzig Minuten zu beschränken. Normalerweise ist es nicht klug, Zazen ohne Unterbrechung für mehr als eine Stunde zu üben, da der Geist seine Kraft und Gespanntheit für einen so langen Zeitraum nicht aufrechterhalten kann und dementsprechend der Wert des Sitzens absinkt. Ob man es merkt oder nicht, die Fähigkeit des Geistes zur Sammlung nimmt allmählich ab. Aus diesem Grunde ist es empfehlenswert, dreißig bis vierzig Minuten einer Sitzübung mit einer Runde Zazen im Gehen abzuwechseln. Wenn man in dieser Weise übt, kann man mit guten Ergebnissen einen ganzen Tag oder selbst eine Woche lang Zazen üben. Je länger man jedoch Zazen übt, umsomehr Zeit sollte man auf das Zazen-Gehen verwenden; es mag sogar wünwünschenswert sein, den Übungen körperliche Arbeit hinzuzufügen, wie es seit alten Zeiten in Zen-Tempeln geschieht. Selbstverständlich darf der Geist nicht nachlässig oder stumpf werden, während man solche körperliche Arbeit durchführt.

Was die Nahrungsaufnahme angeht, so ist es besser, nicht mehr als 80 % Ihres Fassungsvermögens zu sich zu nehmen. Ein japanisches Sprichwort sagt, daß, wenn Ihr Magen nur zu acht Teilen voll ist, Sie keinen Doktor brauchen. Der Zazen Yōjinki (Vorsichtsmaßregeln beim Üben von Zazen von Keizan Jokin Zenji, 1268—1325) sagt, daß Sie lediglich zwei Drittel Ihres Fassungsvermögens essen sollen. Er schreibt weiterhin vor, daß Sie nahrhaftes Gemüse wählen sollten (natürlich entspricht das Essen von Fleisch nicht der Tradition des Buddhismus) wie Gebirgskartoffeln, Sesam, saure Pflaumen, schwarze Bohnen, Pilze und Lotoswurzeln. Er emfiehlt gleichzeitig verschiedene Arten von Seegras, die sehr nahrhaft sind und die eine alkalische Substanz im Körper hinterlassen. Ich verstehe nicht viel von Vitaminen, Mineralien und Kalorien, aber ich weiß, daß es eine Tatsache ist, daß die meisten Leute heute eine Diät essen, welche einen Niederschlag von zuviel Säure im Blut hinterläßt. Das gilt vor allem für fleischliche Nahrung. So essen Sie mehr Gemüse der oben erwähnten Art, das einen alkalischen Niederschlag hinterläßt! In früherer Zeit gab es die Yin- und Yang-Diät. Die Yang-Diät war die alkalische, die Yin-Diät die Säure-Diät, und die alten Bücher ermahnten, darauf zu achten, daß die Nahrung weder zu viel Yin noch zu viel Yang enthalte. Das entspricht dem, was ich Ihnen eben gesagt habe.

Beim Sitzen ist es gut, ein Notizbuch und einen Bleistift vor sich zu haben; denn Sie werden bald feststellen, daß die verschiedensten Dinge ins Bewußtsein steigen und Sie dann denken werden: »Das muß ich jetzt niederschreiben, oder ich vergesse es wieder.« Vorher unverständliche Zusammenhänge werden Ihnen plötzlich klar werden, und schwierige Probleme werden plötzlich gelöst sein. Wenn Sie solche Einsichten nicht niederschreiben, werden Sie durch sie beunruhigt werden, und sie werden Ihrer Konzentration abträglich sein.

Von jetzt ab müssen Sie ihre Atemzüge leicht verändern. Zuletzt gab ich Ihnen auf, »1« beim Einatmen und »2« beim Ausatmen zu zählen. Ab jetzt möchte ich, daß Sie lediglich bei der Ausatmung zählen, so daß ein voller Atemzug als »1« zählt. Kümmern Sie sich nicht mehr darum, die Einatmung zu zählen; zählen Sie »1, 2, 3 . . .« lediglich bei der Ausatmung, bis »10« und dann wieder mit »1« anfangen.

## *Täuschende Erscheinungen und Empfindungen (Makyo)*

Zunächst eine neue Art, zur Konzentration zu kommen. Statt wie bisher Ihre Atemzüge beim Austatmen zu zählen, zählen Sie »1« bei der ersten Einatmung, »2« bei der nächsten Einatmung usw. bis »10«. Das ist schwieriger, als die Atemzüge beim Ausatmen zu zählen. Nicht nur ist es unmöglich, die Zahl auszusprechen (sowieso soll man nur im Kopf zählen), auch aus einem anderen Grunde ist es schwierig. Tier und Mensch atmen ein, bevor sie handeln. So das Tier, ehe es etwas anspringt. Beim Kendo (Fechten) oder Judo atmet man ein, bevor man eine Bewegung macht. Daher kann man auch, wenn man die Atmung des Gegners genau beobachtet, voraussagen, wann er angreifen wird. Diese Übung beim Stillsitzen zu vollziehen ist schwierig. Aber versuchen Sie, sie zu üben als eine weitere Methode, den Geist zu sammeln.

Es gibt Erscheinungen — Gesichte, Halluzinationen, täuschende Empfindungen —, man nennt sie Makyo, die jeder, der Zen übt, auf bestimmten Stufen des Sitzens erfährt. »Ma« ist das Zeichen für Teufel, während »kyo« einen Zustand oder eine Gegebenheit der äußeren Welt meint. Obgleich man sie teuflisch nennt, sind diese Phänomene im Grunde nicht böse; sie wirken sich nur dann als ein ernstes Hindernis für die Übung des Zazen aus, wenn man sich über ihre wahre Natur täuschen und irreführen läßt.

Man verwendet das Wort Makyo in einem weiten und einem engen Sinne. Im weiten Sinne des Wortes ist die Welt, so wie sie der gewöhnliche Mensch sieht, selbst nichts als Makyo. Sogar Bodhisattvas wie Monju (Manjusri) und Kannon (Avalokitesvara oder Kwan-yin), hochentwickelt wie sie sind, haben immer noch Spuren von Makyo an sich; sonst würden sie nämlich Buddhas sein, die sich vollständig von allem Makyo befreit haben. An etwas »haften«, und sei es an dem, was man im Stande des Satori geschaut hat, bedeutet, daß man noch an der Welt des Makyo hängt. Im weiten Sinne des Wortes kann es daher Makyo selbst noch nach dem Erwachen geben. Aber mit diesem Aspekt des Themas wollen wir uns in diesen Vorlesungen nicht befassen.

Im engeren Sinne des Wortes sind die Erscheinungsformen des Makyo gemeint die abhängig sind von Persönlichkeit und Temperament des Übenden. In einem Sutra warnt Buddha vor fünfzig verschiedenen Arten, doch bezieht er sich dabei natürlich nur auf die geläufigsten. Wenn Sie an einer Sesshin (einem Dauersitzen in voller Zurückgezogenheit) von fünf bis sieben Tagen teilnehmen und ganz darin aufgehen, werden Sie höchstwahrscheinlich am dritten Tag Makyo von verschiedener Intensität erleben. Neben Makyo in Gestalt von Gesichten gibt es zahlreiche in Gestalt von Hör-, Geruchs- oder Tasterscheinungen, und andere, die den ganzen Leib in Mitleidenschaft ziehen. Manchmal bewegt sich der Körper von Seite zu Seite oder vorwärts und rückwärts oder neigt sich zu einer Seite, oder man hat das Gefühl des Sinkens oder des Sicherhebens. Es kommt auch, wenn auch selten, vor, daß man meint, einen besonders wohlriechenden Duft zu riechen. Oder es brechen plötzlich Worte unkontrolliert aus einem heraus. Es gibt sogar Fälle, wo man, ohne dessen bewußt zu sein, Dinge niederschreibt, die sich später als prophetische Wahrheiten herausstellen. Sehr häufig sind die visuellen Halluzinationen. Sie üben Zazen mit offenen Augen, und plötzlich fangen die Ecken der tatami (Matte) an, sich wie Wogen auf- und abzubewegen. Oder plötzlich erscheint alles vor Ihren Augen weiß oder schwarz. Eine Stelle im Holz einer Tür erscheint plötzlich als ein Tier, ein Dämon oder als ein Engel. Einer meiner Schüler hatte oft Visionen von Masken, Teufelsmasken oder Narrenmasken. Ich fragte ihn, ob in seinem bisherigen Leben Masken etwas Besonderes für ihn bedeutet hätten, und da stellte sich heraus, daß er sie als Kind bei einem öffentlichen Fest in Kyushu gesehen hatte. Ein anderer mir bekannter Mann wurde bei seiner Übung durch Erscheinungen Buddhas und seiner

Jünger, die um ihn herumschritten und dabei Sutren rezitierten, stark beunruhigt, und er konnte diese Halluzinationen nur dadurch zum Schwinden bringen, daß er sich für zwei oder drei Minuten in eine Wanne mit eiskaltem Wasser setzte.

Viele Makyos werden gehört. Man hört z. B. den Klang eines Klaviers oder laute Geräusche wie etwa eine Explosion (die aber von niemand anders gehört wird), so daß man hochspringt. Einer meiner Schüler hörte immer die Töne einer Bambusflöte, während er Zazen übte. Er hatte vor vielen Jahren einmal gelernt, die Bambusflöte zu spielen, hatte es aber lange aufgegeben, trotzdem kamen ihm die Töne immer wieder, während er übte.

Im Zazen Yojinki lesen wir über das Makyo wie folgt: »Der Leib kann sich heiß oder kalt, glasartig, hart, schwer oder leicht anfühlen. Das geschieht, weil die Atmung nicht in Harmonie (mit dem Geist) ist und sorgfältig in Ordnung gebracht werden muß«. Und dann heißt es weiter: »Der Geist kann sich anfühlen, als ob er herniedersinke oder dahingleite oder einem verschwommen oder scharf vorkomme. Es kommt auch vor, daß ein Übender die Fähigkeit entwickelt, durch feste Gegenstände hindurch zu sehen, so als wären sie durchsichtig. Oder er kann seinen eigenen Körper als durchsichtig empfinden. Er sieht Buddhas und Bodhisattvas! Er kann plötzlich tiefe Einsichten bekommen, oder bestimmte Sutra-Stellen, die ihm bisher besonders schwierig erschienen, können ihm plötzlich glasklar werden. Aber alle diese anomalen Visionen und Empfindungen sind nichts als Symptome einer Beeinträchtigung, die sich aus einem Mangel an Harmonie zwischen Geist und Atem ergibt.«

Andere Religionen und Sekten legen großen Wert auf Erfahrungen wie »Gott schauen, himmlische Stimmen vernehmen« oder auf Reinigung durch verschiedenartige Riten. In der Nichiren-Sekte ruft der Gläubige z. B. laut und in ewiger Wiederholung den Namen des Lotus-Sutra aus, was er mit lebhaften Körperbewegungen begleitet und hat dann das Gefühl, sich dadurch von seinen Sünden gereinigt zu haben. Solche Praktiken führen in verschiedenem Ausmaß zu Gefühlen äußersten Wohlbefindens, vom Zen-Standpunkt sind sie indessen alle nur anfällige Zustände, bar jeder wirklich religiösen Bedeutung und daher nur Makyo.

Was ist das eigentliche Wesen dieser beunruhigenden Phänomene, die wir Makyo nennen? Es sind vorübergehende geistige Zustände, die sich im Zazen einstellen, wenn unsere Konzentrationsfähigkeit sich bis zu einem gewissen Punkt entwickelt hat und unsere Weise des Übens reiferen Charakter annimmt. Wenn Gedankenwellen, die auf einer schon verhältnismäßig tiefen Bewußtseinsebene kommen und gehen, teilweise stillgelegt sind, kommen noch tiefer im Unbewußten sitzende Überbleibsel vergangener Erfahrungen gelegentlich an die Oberfläche. Dabei übermitteln sie uns das Gefühl einer größeren und ausgedehnteren Wirklichkeit. Sie befähigen uns, etwas wahrzunehmen, was unser normales Bewußtsein nicht recht zuzulassen oder zu schätzen vermag. So stellt Makyo ein Gemisch des wahrhaft Wirklichen und des Unwirklichen dar, vergleichbar etwa dem gewöhnlichen Traum. So wie Träume nicht zu einer Person im Tiefschlaf kommen, sondern nur dann, wenn man halb im Schlaf und halbwach ist, so kommt Makyo auch nicht zu jemandem, der sich in vollem Samadhi oder in vollendeter Sammlung befindet, die den Zustand des wahren Zazen darstellt.

Lassen Sie sich niemals in Versuchung bringen zu denken, daß diese Makyo-Phänomene Wirklichkeiten sind, oder daß sie in sich selbst eine Bedeutung haben. Wenn Sie eine schöne Vison von Bodhisattvas haben, so bedeutet das nicht, daß Sie näher daran sind, selbst einer zu werden, genausowenig wie ein Traum, daß Sie Millionär werden, bedeutet, daß Sie beim Aufwachen plötzlich reicher geworden sind. Genausowenig brauchen Sie sich zu beunruhigen, wenn Ihnen etwa schreckliche Fabelwesen erscheinen sollten. Auch besteht keinerlei Grund, sich angesichts erfreulicher Phänomene des Makyo erhoben zu fühlen. Und wenn Sie Visionen von Buddha oder von einem Gott haben, der Sie segnet oder Ihnen eine göttliche Botschaft mitteilt, oder wenn Sie Prophezeihungen vernehmen, die sich später als wahr erweisen — lassen Sie sich nicht durch solcherlei Wahnbilder verführen, denn sonst laufen Sie Gefahr, Ihr wertvolles Leben in einer Verfolgungsjagd von Dummheit und Aberglauben zu verschwenden.

Indessen sind solche Visionen sicherlich ein Zeichen, daß Sie mit Ihrer Sitzübung auf halbem Wege zu einem entscheidenden Punkt gekommen sind, wo Sie, wenn Sie sich bis zum Äußersten anstrengen, sicherlich Kensho erleben können. Man sagt, daß selbst Sakyamuni Buddha kurz vor seiner eigenen Erleuchtung unzählige Makyos erlebte, die er selbst »im Wege stehende Teufel« nannte. Wenn daher Makyos auftreten, nehmen Sie sie einfach nicht zur Kenntnis und fahren Sie fort, mit all Ihrer Kraft zu sitzen.

## *Die fünf Arten des Zen*

Ich werde Ihnen jetzt die fünf verschiedenen Arten des Zen darstellen. Solange Sie sie nicht klar voneinander unterscheiden, sind Sie in Gefahr, sich in entscheidenden Punkten zu irren, so z. B. in Bezug auf die Frage, ob Satori notwendig ist oder nicht, ob Zen die vollständige Abwesenheit unterscheidenden Denkens bedeutet u. ä. Die Wahrheit ist, daß es unter den vielen Arten des Zen einige gibt, die tief sind, und andere, die flach sind; einige, die zur Erleuchtung führen, und andere, die nicht zur Erleuchtung führen. Zu Lebzeiten von Sakyamuni Buddha soll es neunzig bis fünfhundert Schulen der Philosophie und Religion gegeben haben, die alle eine bestimmte Art des Zen darstellten, und jede Art wies kleine Unterscheidungen von allen anderen Arten auf. Alle großen Religionen haben etwas von Zen in sich, denn keine Religion ist ohne Gebet, was immer auch Übung geistiger Sammlung bedeutet. Die Lehren des Konfucius und des Mencius, ebenso wie die Philosophie des Lao-Tzu und Chuang-tzu enthalten auch Elemente des Zen. Zen erstreckt sich auch über die verschiedenen Gebiete des Lebens. Man denke z. B. an die Teezeremonie, das Noh-Spiel, an Kendo oder Judo. In Japan gibt es seit der Meiji Restauration vor etwa 100 Jahren und bis heute eine Reihe von Lehrweisen und Disziplinen, die Elemente des Zen enthalten. Unter anderen erinnere ich Sie an »Seiza«, Okadas System ruhigen Sitzens. Alle dies, verschiedene Methoden der Konzentration und Sammlung — fast unbegrenzt an Zahl — fallen unter die Überschrift Zen. Ich werde nicht versuchen, sie alle darzulegen, sondern fünf Hauptgruppen des Zen unterscheiden, so wie sie von Keiho Shumitzu Zenji (Kui Feng Tsung Mi), einem der frühen Zenmeister in China, unterschieden wurden, und dessen Aufteilung in fünf verschiedene Kategorien meinem Gefühl nach auch heute noch Geltung hat und nützlich ist. Von außen gesehen unterscheiden sich diese fünf Arten des Zen kaum voneinander. Es gibt leichte Abwandlungen in der Art, wie man die Beine kreuzt, die Hände faltet oder den Atem kontrolliert. Aber drei Grundelemente sind ihnen allen gemeinsam: aufrechte Sitzhaltung, Kontrolle des Atems und geistige Konzentration. In Inhalt und Ziel dieser verschiedenen Arten gibt es jedoch große Differenzen, die zu behalten für Anfänger wichtig ist.

Die erste dieser Arten ist *Bombu-Zen.* Man kann es als »gewöhnliches Zen« bezeichnen. Bombu-Zen ist für jeden und für alle, da es frei von jedem philosophischen oder religiösen Gehalt ist. Es ist eine Art des Zen, die Zazen lediglich im Glauben übt, da es zur Verbesserung körperlicher und geistiger Gesundheit gut ist. Da es fast mit Sicherheit keine nachteiligen Wirkungen haben kann, kann jeder es üben, ganz gleich, welche religiösen Überzeugungen er hat, oder ob er überhaupt welche hat. Und man bedenke, daß eine Grundübung dieser Art in unserer modernen Erziehung überhaupt so gut wie ganz fehlt. Viele Menschen denken auch nicht im Traum daran, die Tätigkeit ihres Geistes einer Kontrolle zu unterwerfen. Man lernt das in der Schule nicht als ein Teil dessen, was wir »Erwerben von Wissen« nennen. Doch ohne dieses geistige Grund-Training geschieht es so leicht, daß die Dinge, die wir lernen, in die Irre führen, einfach weil wir sie in der falschen Weise lernen und dabei viel Ehrgeiz verschwenden. Ohne eine Grundübung in der Art des Zen sind wir im Grunde nicht heil und ganz. Wenn Sie Bombu-Zen üben, muß sich Ihre Gesundheit heben, und Krankheiten, die ihre Wurzeln in nervösen Störungen haben, werden verschwinden. Darüberhinaus werden Versuchungen, denen man schwer widersteht, und Bindungen, die man schwer lösen kann, einfach das bisherige Gewicht verlieren, wenn Sie diese wunderbare Methode geistiger Disziplin üben. Eine Bereicherung Ihrer Persönlichkeit und eine Stärkung Ihres Charakters folgt dann unausweichlich, weil die drei Grundelemente des Geistes — Intellekt, Gefühl und Wille — sich in Harmonie miteinander entwickeln. Das ruhige Sitzen, wie man es im Konfuzianismus geübt hat, scheint hauptsächlich auf diese Wirkung der geistigen Konzentration Wert gelegt zu haben. Freilich ist es indessen sicher, daß Bombu-Zen die tiefsten Probleme des Menschen und seiner Beziehung zum Weltganzen niemals lösen kann, weil es die Grundtäuschung des gewöhnlichen Menschen nicht zur Auflösung bringen kann: die Vorstellung einer Welt, die doch nur unser antithetisches Denken widerspiegelt.

Die zweite dieser fünf Arten von Zen nennt man *Gedō.* Gedō heißt wörtlich »ein äußerer Weg« und schließt vom buddhistischen Standpunkt andere Lehrweisen als die des Buddhismus ein. Gedō ist ein Zen mit einer bestimmten Beziehung zu Religion und Philosophie, jedoch einer Beziehung, die nicht buddhistisch ist. Die quietistische Sitzweise des Konfuzianismus und des Hinduyoga, sowie die Kontemplationsübungen des Christentums gehören alle in die Kategorie des Gedō-Zen.

Eine andere Besonderheit des Gedō-Zen besteht darin, daß es oft geübt wird, um verschiedene übernormale Kräfte oder Fähigkeiten zu pflegen oder um verschiedene Künste, die außerhalb der Reichweite des normalen Menschen sind, zu meistern. Tempu Nakamura, von dem ich Ihnen oben gesprochen habe, bietet hier ein gutes Beispiel. Anscheinend war er imstande, Menschen sich bewegen zu lassen, ohne selbst einen Muskel zu bewegen oder auch nur ein Wort zu sagen. Die Emma-Methode ist eine Art, Zen zu üben mit dem Ziel, z. B. auf Schwertschneiden mit bloßen Füßen zu gehen und sich dabei nicht zu verletzen oder Spatzen in solcher Weise anzublicken, daß sie wie gelähmt werden und sich nicht mehr bewegen können. Alle diese wunderbaren Leistungen erzielt man durch das Wachsen von Jōriki, die besondere Kraft und Macht, die einem bei angestrengter Übung geistiger Konzentration zuwächst. Aber ein Zen, das lediglich zu solchen Zwecken auf die Pflege von Jōriki abzielt, ist kein buddhistisches Zen.

Ein anderes Ziel, für das man Gedō-Zen übt, ist die Wiedergeburt in verschiedenen Himmeln. Es ist allgemein bekannt, daß viele Hindu-Sekten Zen üben, um im Himmel wiedergeboren zu werden. Auch dies ist kein Ziel des Zen-Buddhismus. Obgleich der Zen-Buddhist die Existenz verschiedener Himmelssphären anerkennen mag, ebenso wie den Glauben, daß man dort durch die Übung von zehn verschiedenen Arten verdienstreicher Taten wiedergeboren wird, verlangt er selbst nicht nach Wiedergeburt im Himmel. Man stellt sich den Himmel gar zu angenehm und bequem vor, und durch solche Vorstellungen wird der Übende allzu leicht verführt von Zazen zu lassen, ganz abgesehen davon, daß, wenn sein Verdienst einmal im Himmel aufgebraucht sein würde, er ohnehin wieder in der Hölle landet. Daher glauben Zen-Buddhisten, daß es ein Vorzug ist, in die menschliche Welt geboren zu sein und Zazen zu üben mit dem Ziel, schließlich die eingeborene Buddhanatur offenbar werden zu lassen.

Damit habe ich Ihnen nun die beiden ersten Arten des Zen besprochen, nämlich Bombu und Gedō. Bevor ich die nächsten drei Arten darstelle, möchte ich Ihnen eine andere Konzentrationsmethode angeben: »Dem Atem mit dem geistigen Auge zu folgen«. Hören Sie von jetzt an auf, Ihre Atemzüge zu zählen und konzentrieren Sie sich statt dessen sorgsam darauf, Ihren Atemzügen beim Ein- und Ausatmen zu folgen. Versuchen Sie, diese klar im Blick zu halten.

Die dritte Art des Zen ist *Shōjō*[1], was in wörtlicher Übersetzung »das kleine Fahrzeug« heißt, das Fahrzeug, welches Sie von einer Verfassung in die andere trägt. Dieses kleine Fahrzeug wird so genannt, weil es dazu bestimmt ist, nur einen selbst zu tragen. Shōjō ist eine Art Zen, die nur auf den eigenen Frieden des Geistes bedacht ist.

Obwohl man es buddhistisch nennen kann, ist es doch ein Zen, das nicht mit des Buddhas höchster Lehre im Einklang steht. Es ist vielmehr ein Hōben-Zen, eine zweckdienliche Übung für diejenigen, die nicht in der Lage sind, den Kern der Erleuchtung Buddhas zu begreifen, derzufolge alles, was ist, ein unteilbares Ganzes ist — jeder von uns das Universum umschließt — jeder von uns nur das »Eine« ist. Wenn das so ist, so folgt daraus, daß wir den wahren Frieden des Geistes nicht erzielen können, wenn wir nur auf unser eigenes Heil bedacht sind und dem Schicksal anderer gleichgültig gegenüber stehen. Es gibt indessen Menschen (und einige von Ihnen, die Sie mir jetzt zuhören, mögen sich darunter befinden), die sich nicht dazu bringen können, an die Realität einer All-Einheit zu glauben. So oft man sie auch lehrt, daß ihre relative und begrenzte Sicht der Welt eine Illusion darstellt, die durch die täuschende Oberflächenerscheinung der Dinge hervorgerufen ist, so vermögen sie doch nicht daran zu glauben. Diesen Menschen kann die Welt nur zutiefst böse, voll der Sünde, des Kampfes und des Leides, des Tötens und des Getötet-Werdens erscheinen, und in ihrer Verzweiflung versuchen sie daraus zu flüchten. Sterben scheint ihnen besser als Leben. Und unerträglich ist die Vorstellung, daß man sich, indem man Leben in irgendeiner Form vernichtet, selbst zu nie endendem Leiden verurteilt, und zwar auf Grund des unausweichlichen Gesetzes des Karma, das solche Sünde dadurch bestraft, daß man als Tier oder Dämon in unzähligen zukünftigen Existenzen wiedergeboren wird. So ist auch der Tod kein wirkliches Ende. Und was sie nun suchen, ist irgendein Weg, die Wiedergeburt zu vermeiden, eine Art des Sterbens, dem keine Wiedergeburt folgt.

---

[1]) Die dritte und vierte Art, Shojo und Daijo, sind direkte Übersetzungen der Begriffe Hinayana und Mahayana, welche ihrerseits wiederum Bezeichnungen sind, welche die nördlichen Buddhisten verwenden, um ihr »großes Fahrzeug« vom Buddhismus Süd-Ostasiens zu unterscheiden. Indessen verwendet der Roshi diese Begriffe hier in seiner eigenen Art, um zwischen Haltungen zu unterscheiden, die man zu jeder Zeit, überall antreffen kann, so daß die Bezeichnungen Shojo und Daijo in diesen Vorlesungen nicht als geographische oder sektenmäßige Unterscheidungen aufgefaßt werden dürfen.

Shōjō-Zen liefert für diesen Wunsch eine Antwort. Sein Ziel ist das Anhalten jeder Art von unterscheidendem Denken, so daß der Geist vollständig leer wird und in eine Verfassung gelangt, die man Mushinjo nennt, eine bewußtlose Verfassung, in welcher auch alle Fähigkeiten des Bewußtseins aufgehoben sind. Wenn man genug übt, kann diese Kraft von jedem gepflegt werden. Wenn man nicht den Wunsch hat zu sterben, kann man in diese tranceähnliche Verfassung für einen bestimmten Zeitraum versetzt werden, eine Stunde oder zwei, oder ein oder zwei Tage. Man kann auch darin unbegrenzt lange verbleiben, worauf dann der Tod natürlich und schmerzlos eintritt, und zwar — und das ist die dabei wichtigste Vorstellung — ohne eine Wiedergeburt. Dieser gesamte Vorgang des Sterbens ohne Wiedergeburt ist in einem buddhistischen, philosophischen Werk beschrieben, das Kusharon (Abhidharmakosa Sastra) heißt.

Die vierte Art Zen nennt man *Daijō*, »großes Fahrzeug«, und erst das ist im wahren Sinne des Wortes buddhistisches Zen, weil es als eigentliches Ziel Kenshō-gōdō hat: in die eigene Wesensnatur zu schauen und den WEG im täglichen Leben zu verwirklichen. Buddha lehrte diese Art des Zen jenen seiner Anhänger, welche die ganze Bedeutung seiner eigenen Erleuchtung begreifen konnten, also jene, die durch den Wahn ihrer Weltsicht durchbrechen und zur Welt des Unendlich-Absoluten erwachen wollten. Der Buddhismus ist seinem Wesen nach eine Religion der Erleuchtung. Nach seiner eigenen Satori-Erfahrung verwendete Buddha fünfzig Jahre darauf, die Menschen zu lehren, wie sie selbst Verwirklichung erzielen könnten. Bis auf den heutigen Tag sind die Übungsmethoden zur Erreichung dieser Verfassung von Meister zu Schüler übermittelt worden. Daher kann man sagen, daß ein Zen, welches Satori nicht kennt, ablehnt oder herabsetzt, nicht wahres daijō — buddhistisches Zen genannt werden kann. Im Daijō-Zen ist das Erwachen zu der wahren eigenen Wesensnatur das Ziel. Allerdings nach der Erleuchtung begreift man, daß Zazen nicht eine Technik ist, durch die man Erleuchtung erzielt, sondern selbst schon Ausdruck der Erleuchtung.

*Saijōjō*-Zen, die letzte der fünf Arten des Zen, ist das höchste Fahrzeug, der Höhepunkt und die Krone buddhistischen Zens. Wenn man Daijō-Zen übt, welches als Ziel den Durchbruch zum Satori hat, wird man manchmal — was durchaus nahe liegt — in den Irrtum verfallen, im Zazen lediglich ein Mittel zu diesem Ziel zu sehen. Natürlich kann Zazen solch ein Mittel sein, aber ein kluger Lehrer wird seine Schüler von Anfang an lehren, daß das rechte Zazen selbst schon die Verwirklichung des Satori und nicht nur ein Mittel zu diesem Zweck ist. Wäre Zazen nichts als nur eine Technik für den Durchbruch zum Satori, so würde daraus folgen, daß nach dem Satori Zazen überflüssig wurde. Aber wie Dōgen Zenji betont hat, ist genau das Entgegengesetzte wahr. Je tiefer man Satori erlebt, umsomehr wird man sich über die Notwendigkeit der nie endenden Übung klar. Saijojō Zen, welches die Übung aller Buddhas ist, ist die Verwirklichung von Satori. Es ist sozusagen das absolute Leben oder das ursprüngliche Leben im wahren Sinne des Wortes. Es ist dasjenige Zen, welches Dogen Zenji befürwortete, wo es im Grunde auch kein Erstreben des Satori oder irgendein anderes Ziel gibt. Diese Art des Sitzens ist Shikantaza, von dem noch mehr die Rede sein wird.

In dieser höchsten Übung werden Mittel und Zweck eins. Daijō-Zen und Saijojō-Zen ergänzen einander. Die Rinzai-Sekte stellt Daijō an die Spitze und Saijojō darunter, während die Soto-Sekte Saijojō an die Spitze stellt und Daijō darunter. Beim Saijojō sitzen Sie in dem Glauben, daß, wenn Zazen richtig geübt wird, es die Verwirklichung der Erleuchtung ist, aber zur selben Zeit sitzen Sie in vollständigem Vertrauen, daß der Tag kommen wird, an dem man unfehlbar und ganz konkret erfährt: »O, dies ist's!« — In einem Wort: Erleuchtung. Daher braucht man nicht stets und ständig daran denken, nach Satori zu streben.

## *Shikantaza*

Bis jetzt haben Sie sich darauf konzentriert, Ihren Atemzügen mit Ihrem geistigen Auge zu folgen und haben sich dabei lebhaft darum bemüht, den Einatem wirklich als Einatmen und den Ausatem als Ausatmen zu spüren. Von jetzt an sollen Sie diese Übung aufgeben und Shikantaza üben, das ich Ihnen im Einzelnen kurz beschreiben will. Zwar ist es weder üblich noch wünschenswert, in der Praxis die verschiedenen Übungen so schnell zu wechseln. In dieser einführenden Vorlesung handelt es sich auch nur darum, Ihnen einen Vorgeschmack von den verschiedenen Arten der Konzentration zu geben.

*Shikantaza.* »Shikan« bedeutet »nichts als«, »nur«, während »ta« bedeutet »treffen« und »za« »sitzen«. Daher bedeutet Shikantaza »kraftvolles Sitzen«. Bei dieser Art des Sitzens haben Sie keine Hilfsmittel wie das Zählen oder das Verfolgen der Atemzüge oder ein Koan, und so verfällt man leicht in ein leeres, unkonzentriertes Sitzen. Die richtige geistige Haltung wird daher doppelt wichtig. Was ist diese richtige Haltung? Es ist ein ruhiger, ausgeglichener und doch verwurzelter Geist, breit gegründet wie z. B. der heilige Berg Fuji. Aber der Geist muß wach und gespannt wie eine straffe Bogenseite sein (rinzen). Shikantaza ist eine Verfassung erhöhter Präsenz, eine Verfassung, in der man weder überspannt noch in Eile und weder lasch noch lässig ist. Es gleicht dem Geist eines Menschen, der um sein Leben kämpft. Stellen Sie sich vor, Sie kämpften ein Duell in jener Fechtkunst, die im alten Japan üblich war. Wenn Sie Ihrem Gegner gegenüberstehen, sind Sie in jedem Augenblick wachsam, bestimmt und bereit. Würden Sie in Ihrer Wachsamkeit auch nur für einen Augenblick nachlassen, so würden Sie im gleichen Moment niedergestochen werden. Eine Menge Volkes strömt zusammen, um den Kampf zu sehen. Da Sie nicht blind sind, sehen Sie diese aus einem Winkel Ihres Auges, und da Sie nicht taub sind, hören Sie sie auch. Aber für keinen Augenblick läßt sich Ihr Geist von diesen Sinneswahrnehmungen gefangennehmen.

Diese Verfassung läßt sich nicht für lange Zeit aufrechterhalten. So sollen Sie nicht länger als eine halbe Stunde Shinkantaza üben. Stehen Sie nach dreißig Minuten auf und machen Sie kinhin-Gehen, und fahren Sie dann mit Ihrer Sitzübung fort. Wenn das, was Sie tun, wahres Shinkantaza ist, wird Ihr Körper selbst in einem ungeheizten Raum im Winter schweißbedeckt sein wegen der durch die intensive Konzentration erzeugten inneren Hitze. Wenn Sie über einen zu langen Zeitraum hindurch sitzen, wird Ihr Geist seine Kraft verlieren. Sie werden ermüden, und am Ende werden Ihre Bemühungen weniger belohnt werden, als wenn Sie sich auf einen Zeitraum von nur dreißig Minuten beschränkt hätten.

Ein geübter Fechter scheint im Vergleich mit einem ungeübten viel ausgeglichener und ruhiger. Aber auch dieser mußte sich früher einmal mit aller Kraft anstrengen, um sein Leben zu schützen, weil seine Kampftechnik noch nicht bis zu einem Punkt vervollkommnet war, wo er ohne Anstrengung handeln konnte. Das Gleiche gilt für Shikantaza. Am Anfang ist es schwierig, diese hochgeschraubte übermäßig angespannte Verfassung zu pflegen, aber mit fortgeschrittener Reifung der Übung wird die Anspannung abgelöst von einer Verfassung, in der der Geist ganz natürlich und ausgeglichen ist, und dies ohne die geringste Anstrengung, obgleich man höchst aufmerksam ist. Und genauso wie ein geübter Fechter, wenn Not am Mann ist, unverzüglich und ohne die geringste Anstrengung sein Schwert zieht und nichts als den Angriff im Sinn hat, ist Ihr Sitzen, wenn Sie sich in der Übung des Shikantaza vervollkommnet haben, weder »überspitzt« noch zerstreut. Wenn Sie aber glauben, Sie könnten bereits am Anfang Ihrer Übung mit der Haltung und dem Geist eines erfahrenen Shikantaza-Jüngers wetteifern, so irren Sie sich.

### *Die drei Ziele des Zazen*

Die drei Ziele des Zazen sind: 1. Die Entwicklung der Konzentrationsmächtigkeit *(jōriki)*, 2. Satori-Erwachen *(kenshō gōdō)* und 3. die Verwirklichung von Buddhas Weg in unserem täglichen Leben *(Mujōdō no taigen)*. Diese drei gehören untrennbar zusammen.

Das erste Ziel, Jōriki, ist die Kraft oder die Stärke, die sich aus einem geeinten und zur »Einspitzigkeit« gebrachten Geist ergibt. Das beinhaltet mehr als die Konzentrationsfähigkeit im üblichen Sinn des Wortes. Es ist die dynamische Kraft, die, einmal in Bewegung gesetzt, uns befähigt, selbst in den plötzlichsten und unerwartetsten Situationen in einer den Umständen angemessenen Art zu handeln, und zwar blitzschnell, ohne erst innehalten zu müssen, um unseren Verstand zu sammeln. Jemand, der jōriki entwickelt hat, ist niemals der Sklave seiner Umgebung oder ein Opfer der Umstände; im Gegenteil, er beherrscht sie und ist immer imstande, sich in Freiheit und vollkommenem Gleichmut zu bewegen. Jōriki setzt Menschen auch in den Stand, gewisse Kräfte zu erwerben oder in einen Seinszustand einzutreten, in dem der Geist wie ein Spiegel oder wie ganz stilles Wasser wird.

Die ersten drei der fünf Arten des Zen, über die ich gesprochen habe, hängen vollständig von Jōriki ab, ebenso wie die Haltung des mushinjo im Shōjō-Zen — die Verfassung der Leere, bei der die bewußte Arbeit des Geistes zum Stillstand gebracht ist. Während die Kraft des jōriki endlos zunimmt, solange wir sie üben, nimmt sie ab und verschwindet schließlich ganz, wenn wir Training und Übung vernachlässigen. Obwohl also viele außerordentliche Kräfte aus dem jōriki fließen, so können wir doch durch jōriki allein nicht die Wurzeln unserer illusionären Weltsicht ausrotten. Die Kraft zur vollendeten Sammlung allein ist daher für die höchsten Arten des Zen nicht genug; es muß das Erwachen, satori, dazukommen. Man nennt es auch Kenshō.

Das zweite der großen Ziele ist also Kenshō, das Schauen in die wahre eigene Wesensnatur und gleichzeitig in die wahre Wesensnatur des Weltganzen und all der zehntausend Dinge in ihm. Es ist die plötzliche Erkenntnis: »Ich bin ja ganz und vollkommen vom Anbeginn gewesen. Wie wundervoll, wie geheimnisvoll!« Wenn es sich um wahres kenshō handelt, ist es dem Wesen nach immer das gleiche, gleich wer es erfährt, ob er Buddha Shakyamuni, Buddha Amida (Amitabha) oder irgendeiner von uns ist. Aber das soll nicht heißen, daß wir alle kenshō im selben Maße erleben können, denn es gibt große Unterschiede in Bezug auf die Klarheit, die Tiefe und die Vollständigkeit des Erlebnisses. Um sich das zu vergegenwärtigen, stellen Sie sich einen Menschen vor, der als Kind blind war und nun ganz allmählich seine Sehfähigkeit erlangt. Zuerst kann er nur verschwommen und dunkel sehen und lediglich Dinge, die in der Nähe sind. Wenn seine Sehfähigkeit sich erhöht, wird er Dinge erkennen, die etwa einen Meter von ihm entfernt sind, dann Objekte in 10 Meter Entfernung, dann 100 Meter Entfernung, bis er schließlich klar und genau alles bis auf 1000 Meter Entfernung erkennen kann. Bei all diesen verschiedenen Stadien ist die Welt der Erscheinungen, die dieser Mensch sieht, immer die gleiche, aber die Unterschiede in der Klarheit und Genauigkeit seiner Wahrnehmung jener Welt sind so groß wie der Unterschied von Schnee gegenüber Holzkohle. Genauso steht es mit dem Unterschied in der Klarheit und Tiefe unserer kenshō-Erfahrung.

Das letzte der drei Ziele heißt Mujōdō no taigen, die Verwirklichung vollkommenen satoris in Körper und Geist, die Verwirklichung des Weges von Buddha in unserem täglichen Leben. Dies ist das höchste Ziel von den dreien und dasjenige, dessen Bedeutung vor allen Dôgen Zenji betont hat. Auf dieser Stufe unterscheiden wir nicht mehr länger Mittel und Ziel. Saijojo-Zen, von dem ich Ihnen als der fünften der fünf

Arten des Zen gesprochen habe, entspricht dieser Stufe. Wenn Sie in Übereinstimmung mit den Lehren eines guten Meisters ernsthaft und ichlos sitzen, so verkörpern Sie in sich vollkommenes satori, und Sie verwirklichen das oberste Ziel des Zen, ganz gleich, ob Sie satori erlebt haben oder nicht.

Die Übung des buddhistischen Zen sollte alle drei Ziele umfassen, denn sie sind miteinander verbunden. So gibt es z. B. eine enge Verbindung zwischen jōriki und kenshō. Erleuchtung nennt man »die aus der Kraft vollendeter Sammlung entstehende Weisheit«, weil sie wie von selbst aus der Kraft vollendeter Sammlung herauswächst. Und noch in einer anderen Weise ist jōriki mit Erleuchtung verbunden. Viele Menschen werden vielleicht niemals kenshō erreichen ohne ein gewisses Maß an jōriki, einfach weil sie zu unruhig, zu nervös und zu ängstlich sind, um viel Fortschritte zu machen. Ohne jōriki als Grundlage wird eine einmalige Erfahrung von kenshō auch keine nachhaltige Wirkung auf Ihr späteres Leben haben und zu einer bloßen Erinnerung dahinschwinden. Das ist so, weil — obgleich Sie mit Ihrem geistigen Auge zutiefst die allem zugrunde liegende Einheit des Kosmos erfaßt haben — Sie doch nicht imstande sind, mit der ganzen Kraft Ihres Seins auf der Grundlage dessen zu handeln, was Ihre innere Schau Ihnen offenbart hat.

In gleicher Weise gibt es auch eine enge Verbindung zwischen kenshō und dem dritten der Ziele, mujōdō no taigen, der Verwirklichung des Buddha-Weges in unserem täglichen Leben. Denn was haben Sie durch die Erleuchtung anderes erkannt als mujōdō no taigen? Trotzdem ist es falsch, zu sagen, satori sei unnötig, und daß es sich lediglich darum handle, unsere täglichen Dinge im Geiste Buddhas zu vollbringen, denn dann werden Sie schließlich nur bei bloßem jōriki landen, das, wie schon gesagt, nachläßt und schließlich gänzlich verschwindet, wenn man es nicht sehr regelmäßig übt. Es ist zwar wahr, daß man mit dem Erwachen zu der Welt des satori begreift, daß das eigene Zazen das gleiche wie dasjenige Buddhas ist. Solange man aber diese Erleuchtung noch nicht gehabt hat, ist man doch so gut wie blind. Erst mit dem vollkommenen satori werden wir dessen wahrhaft inne, daß unsere Sicht der Welt, in der sie uns in Dualismen und Gegensätzen erscheint, falsch ist, und erst mit dieser Erleuchtung geht uns die Welt der absoluten Einheit, der wahren Harmonie und des Friedens auf.

# *VOM RECHTEN SITZEN*

*Auszüge aus Sato Tsuji »Die Lehre vom Leibkörper.«*
*Aus dem Japanischen übersetzt von Fumio Hashimoto*

Die wahre Gestalt des Menschen als Leibwesen erscheint im Aufrechtstehen des Körperstammes. Also kann sich auch der Charakter des Menschen nur in der autonomen Betätigung dieser Stellung bekunden.

Die wichtigste, stärkste und zugleich empfindsamste Stelle zur Bewährung der rechten Haltung liegt im Koshi. (Mit Koshi bezeichnet der Japaner den ganzen unteren Rumpf, abwärts vom Nabel). Er muß zur festen Basis werden, auf der man dann den Oberkörper leicht aufruhen läßt. Wenn der Oberkörper schwer, der Unterkörper dagegen leicht ist, so bedeutet das eine Verfassung, bei der das Leben wie von etwas Dinghaften unterdrückt und das Höhere vom Niederen herabgezogen wird. Dagegen besagt ein fester Unterkörper mit einem leichten Oberkörper eine VERFASSUNG, in der das im Menschen sich darleibende Leben seinen Charakter als Subjekt bezeugt, das auch das Dinghafte an ihm in sich einbezieht.

Um die richtige Stellung des menschlichen Körpers zu gewinnen, muß man zunächst den Unterleib mit der Kraft *(genki)* des ganzen Körpers füllen. Den Koshi mit Kraft füllen heißt zugleich, die Bauchmuskeln ein wenig anspannen. Wenn man die Bauchmuskeln richtig anspannt, erscheint als Kernpunkt dieser Anspannung ein Konzentrationspunkt unter dem Nabel. Dieser Konzentrationspunkt heißt seit alters her *kikai tanden.* Die Kunst dieser *tanden*-Ertüchtigung *(rentan),* alle Kräfte, die sich in den verschiedenen Teilen festsetzen, loszulassen und die Kräfte des ganzen Körpers samt und sonders in den Tanden zu konzentrieren, diese Kunst ist von alters her im *budo* (Ritterweg), im *gedo* (Künstlerweg) und im *sado* (Sitzweg) gepflegt worden.

Den Koshi mit Kraft erfüllen, das geht naturgemäß mit dem Ausatmen zusammen. Beim Einatmen muß man die Kraft aus dem Bauch herausnehmen, dabei gleichzeitig aber die Verfassung des Koshi bewahren. Dann dringt die eingeatmete Luft gleichsam von selbst ein und erfüllt den Oberbauch, und am Ende des Einatmens wird der untere Hara von selbst kraftvoll, und man kann ganz natürlich und glatt wieder zum Ausatmen übergehen. Es muß ein ganz glatter Übergang zwischen Aus- und Einatmen sowohl wie von Ein- und Ausatmen sein. Man muß auch nicht beim Übergang mit der Atmung aufhören.

Wenn alle Muskeln des Körpers ihr rechtes Gleichgewicht gewinnen, dann wird die Magengegend beim Ausatmen konkav. Der Unterleib dagegen tritt etwas vor. Das bedeutet nicht, ihn in besonderem Maße herausdrücken. Der Rauminhalt des unteren Körpers ändert sich von außen gesehen wenig, aber er füllt sich fest aus. Also der Unterkörper betätigt die Wendung zwischen Leere und Fülle, obwohl er sich rauminhaltlich nur wenig verändert.

Das Einatmen geschieht bei dieser Übung in ganz kurzer Zeit, das Ausatmen dagegen dauert länger, wobei man die Kräfte des Hara allmählich stärkt. Das bedeutet aber gar nicht, daß man mit der ausströmenden Luft spart. Man zieht das Kinn etwas an und öffnet weit und breit den Hara-Boden *(hara-no-soku)* und atmet die Luft voll und stark aus. Diese Ausatmung muß, je mehr sie sich dem Ende nähert, gleich einer Keule immer dicker werden. Wenn man im Boden des Hara keine Kräfte hat, dann ist die Ausatmung flüchtig ächzend, aber wenn man wirklich vom Bauchboden aus atmet, dann wird sie mächtig und strömend.

Wo die Kraft aus dem Unterkörper herausgeht, so daß dieser gleichsam zusammenbricht, verkrampft sich die Kraft in der Brust, an den Schultern, im Nacken oder im Gesicht, bzw. im Kopf, und es ist nur ein Notbehelf, diese Verkrampftheit durch *amma* (Kneten) und Massage zu lösen. Um die Quelle dieser Verkrampfung völlig zu stopfen, muß man die Wirbelsäule zurechtrücken und eine richtige Haltung einnehmen.

Diese richtige Haltung, die die dem Körper zugedachte Senkrechte zuläßt, ist der einzige Weg zur Stufe einer Gestalt, die die Einheit des Seins jenseits aller dualistischen Trennung ausdrückt. Da man aber dabei die Ichbefangenheit lassen muß, die die Kraft sich an einzelnen Stellen verkrampfen läßt, so entsteht hier eine gewisse Ichlosigkeit.

Wenn man eine richtige Haltung einnimmt, so fällt der Schwerpunkt des ganzen Körpers in die Mitte des Sitzbeins und der Koshi wird felsenfest, und es bleibt uns nichts anderes übrig, als die Kraft wie von Natur in den Unterleib zu legen. Die in den Unterleib gelegte Kraft spannt die Bauchmuskeln in angenehmer Weise an und läßt einen die Kraftfülle des ganzen Körpers empfinden. Die Anspannung des Unterbauches ist beim Ausatmen am stärksten. Die Haltung, bei der man die Brust anspannt, zieht die Muskeln herauf, macht den Unterbauch dünn, verlagert den Schwerpunkt nach oben und erzeugt dadurch eine Un-Stabilität. Die Brust muß leer sein. Man soll mehr Wert darauf legen, die Kraft aus der Brust herauszunehmen und die Brust zu öffnen — als die Brust vollzupumpen. Die Kraft des ganzen Körpers soll ausschließlich im Koshi als der Basis des Rumpfes liegen, die Muskeln des ganzen Körpers müssen also alle naturgemäß in die Koshigegend tendieren. Wenn die Koshigegend krafterfüllt ist und der Oberkörper und der Nacken leer sind, so ist die Bewegung eines jeden Gliedes, wie auch jede Kraftanspannung an welcher Stelle auch immer, Ausdruck der Ganzheit und Einheit des Tanden und bringt keine unnatürliche Drehung *(twist)* der Muskeln mit sich. So wird jede Bewegung an besonderer Stelle zu einem wunderbaren Sein in der Leere.

Am Körperstamm sind die Schultern der beweglichste Teil. Von ihnen auch wird das Ganze am leichtesten verstellt. Es müssen also für die Übung der rechten Haltung die Schultern als eine der wichtigsten Stellen des Körpers angesehen werden. Für die rechte Haltung kommt es darauf an, die Schultern fallen zu lassen. Da der Kopf den Himmel, der Rumpf die Erde bedeutet, verwirklicht man die wahre Gestalt erst dort, wo man sich in den Schultern losläßt und zur Mitte hin niederläßt und auf diese Weise die wahre Leere des Himmels und die Fülle der Erde bezeugt. Schwache Menschen haben hochstehende Schultern. Wenn einem bang ist, zieht man unwillkürlich die Schultern hoch. Wer gegenüber einer Überraschung die Schultern nicht hochzieht, muß sich auf irgendeine Weise geübt haben.

Der Kernpunkt des Fallenlassens der Schultern liegt darin: Man läßt sie sacht nieder, als fiele einem von den Schultern eine Sutane herab. Aber wenn man das Bewußtsein in die Schultern legt, »um« sie niederzulassen, so werden sie eher verkrampft als gelöst! Immer wird der Körper dort, wo das Bewußtsein willensmäßig hingelegt wird, verkrampft. So bleibt uns nichts anderes übrig, als das Bewußtsein in den Tanden zu legen. Dort kann die ganze Aufmerksamkeit zentriert sein, ohne daß es etwas schadet. So ist es besser, beim Senken der Schultern das Gefühl zu haben, man ließe die beiden Arme herabsinken, als die Schultern niederlassen zu wollen. Wenn man gar keine Kraft in die Arme legt und ein Gefühl hat, als trennten sich die Arme von den Schultern, werden zugleich die Schultermuskeln ruhiger, und die Muskeln des ganzen Körpers können umso »ruhiger« werden, als die Schultern ruhig werden.

Das rechte Sitzen offenbart die wahre Gestalt des Menschen. »Richtig sitzen und an die wahre Gestalt denken« wird im Fugen-Sutra als das Urbild der leiblichen »Übung« (Tat) des Menschen bezeichnet. Dieses »an die wahre Gestalt denken« darf nicht in der Stufe des Wissens verbleiben, die von der Übung getrennt ist. Richtiges Sitzen ist die wahre Gestalt des Menschen, der Vollzug des richtigen Sitzens ist ein ursprüngliches Erlebnis des Menschen. Die körperliche Tat des richtigen Sitzens ist schlechthin richtiges Denken! Die rechte Sitzweise mit freiem Selbstbewußtsein zu üben, ist die praktische Übung e i n e r unter den verschiedenen möglichen »guten Taten« andererseits in sich selbst eine Weise der Verwirklichung des absoluten Einen, das über allem relativen Einen erhaben ist. So ist also die dem Menschen mögliche Vollkommenheit der Einstellung allein in der rechten Sitzhaltung zu verwirklichen.

# INHALTSVERZEICHNIS